主任ケアマネジャー
のための

朝来(あさご)式

ケアマネジメント支援サクセスガイド

支え、育てる「地域ケア会議」の極意

著●足立里江（朝来市地域包括支援センター 主任介護支援専門員）
監修●朝来市ケアマネジャー協会

MCメディカ出版

はじめに

　近年、地域ケア会議等の研修講師をする中で、いろいろな地域のケアマネジャーさんに出会う機会が多くあります。そのケアマネジャーさんたちが、共通して、専門職としての自信を無くされているように感じるのは、私だけでしょうか。

　あるケアマネジャーさんはこんな話をされました。
　「もし、この人の担当ケアマネジャーが自分じゃなかったら、もっといい支援が受けられたんじゃないかと、いつも考えてしまうのです。そして、何か悪いことが起こるたびに、自分を責めてしまうのです」。
　また、あるケアマネジャーさんはこんなことを言われました。
　「研修会にも行きました。本も読みました。でも、テキストで習ったことと、目の前の利用者さんがなかなか結びつかないんです。もっと勉強したら何とかなるかと思って、一生懸命勉強したけれど、全然変わらない。自分はよほど力がないのだと思います」。

　ケアマネジャーの実践現場は、高齢者の暮らしの困難さに正比例して、複雑、多岐、そして深刻な状況が増えてきています。

　——家族や地域から制度の限界を超えた要望をつきつけら

れること。
　力になってほしいと思っていた地域の方から、「お前も近所に住んでみろ！」と怒鳴られること。
　そして、以前なら入院適応であっただろう重い病状の方が次々と退院され、在宅生活を余儀なくされること。

　このような状況に対峙し、ケアマネジャーとしての役割を担うためには、一人ひとりが、ゆるぎない「価値」を培い、幅広い「知識」を身につけ、それを目の前の利用者に合わせて応用実践できる「技術」を獲得していくことが必要不可欠でしょう。

　しかしながら、こういった実践力を獲得する道のりの中で、「自分の判断は、福祉の価値に照らし合わせてどうなのだろう？」と迷うことが多く、せっかく学んだ理論も、利用者の支援にどう活かせばよいかわからない、そんな現実に直面します。
　そして、自分の行った実践が良かったのか、悪かったのか、適切な評価を受ける機会もなく、専門職として成長した実感も持てない中で、次、そのまた次と、利用者を担当していくのです。

　――疲れたときに、誰かに話を聴いてもらいたい。
　　自分の実践を誰かに評価してもらいたい。
　　そして、ケアマネジャーの仲間と一緒に支え合いたい。

　みなさんも、そう願われたことはないでしょうか？　こん

な願いがケアマネジメント支援の原点です。

　私たちの大切な利用者さんに、良い支援を提供するためには、まず、私たちケアマネジャーがいきいきと元気で仕事ができるよう、"良い支援を受ける機会"を作らなければなりません。

　利用者さんやケアチームに対して、適切な評価をし、承認の言葉をかけるためには、まずは、私たちケアマネジャー自身が適切に評価され、承認される体験が必要なのです。

　「良い支援を受けた援助者こそが、良い支援を提供できる」。

　そんな合言葉のもと、朝来市では2006（平成18）年から、行政直営包括の主任ケアマネジャーと、市内の居宅介護支援事業所の主任ケアマネジャーが手を取り合い、ケアマネジメント支援の仕組みを作ってきました。

　まだまだ課題もありますが、私たちが育んできたケアマネジメント支援の足跡や、ケアマネジャーのモチベーションを引き出す地域ケア会議の取り組みが、今後、地域でケアマネジメント支援に携わる皆さんのお役に立てば幸いです。

　2017年1月

朝来市地域包括支援センター　主任介護支援専門員
足立　里江

目次

 第5章 | 地域課題の抽出から資源開発へ

 第4章 | 良い支援を受けた援助者は、良い支援ができる

 第3章 | ケアマネジメント支援の実際

 第2章 | ケアマネジャーを支え、力づける「哲学」

 第1章 | ケアマネジメント支援のはじまり

第1章　ケアマネジメント支援のはじまり
土を耕す

- 1-1　ケアマネジメント支援がなぜ必要か —— 10
- 1-2　取り組みのきっかけ —— 14
- 1-3　「気づきの事例検討会」がすべての出発点 —— 17
- 1-4　主任ケアマネジャーとしての学びと実践の場づくり —— 24
- 1-5　ケアプランチェックから地域ケア会議へ —— 28

第2章　ケアマネジャーを支え、力づける「哲学」
根をはる

- 2-1　ケアマネジメント支援の基本 —— 32
- 2-2　実践力を育む学び方を大事にする —— 34
- 2-3　部下や後輩へのかかわりに活かすスーパービジョン —— 40
- 2-4　事例をひも解くために「理論」を応用する —— 48

第3章 ケアマネジメント支援の実際
幹をつくる

- 3-1 事業所内でのケアマネジメント支援 —— 56
- 3-2 地域ぐるみのケアマネジメント支援 —— 69
  - 1 ケアマネジメント支援会議のルールと枠組み —— 70
  - 2 ドキュメント・ケアマネジメント支援会議 —— 75
  - 3 振り返り会で深まる学び —— 94
- 3-3 循環・逗動するケアマネジメント支援 —— 113

第4章 良い支援を受けた援助者は、良い支援ができる
葉を育てる

- 4-1 ケアマネジメント支援の効果 —— 118
- 4-2 ケアマネジメント支援に必要なもの —— 146

第5章 地域課題の抽出から資源開発へ
実がなる

- 5-1 朝来市地域ケア会議の概要 —— 156
- 5-2 地域課題の解決に向けて —— 162
- 5-3 ケアマネジメント全体の課題 —— 169

資料編 (朝来市ケアマネジメント指導者マニュアルより)

- ① アセスメントの思考〜ジェネラリストモデル（5つの局面）〜 —— 172
- ② 自立支援に資するケアマネジメントの視点 —— 184

Web資料のダウンロード方法 —— 8

Web資料のダウンロード方法

1. メディカ出版ホームページ（http://www.medica.co.jp/）にアクセスしてください。

2. メディカパスポートにログインしてください。会員登録されていない方は、「はじめての方へ　新規登録」（登録無料）からお進みください。

3. 本書紹介ページ（http://www.medica.co.jp/catalog/book/6344）を開き、「本文連動資料のダウンロード」をクリックします（URLを入力していただくか、キーワード検索で「T280580」を検索してください）。

4. 「ロック解除キー」ボタンを押してロック解除キーを入力し、送信ボタンを押してください（ロック解除キーボタンはログイン時のみ表示されます）。ロックが解除され、ダウンロードが可能となります。

　　ロック解除キー： **asagocaremaneshien2017**

※ WEBサイトのロック解除キーは本書発行日より3年間有効です。有効期間終了後、本サービスは読者に通知なく休止する場合があります。

◎ご使用にあたって、注意していただきたいこと◎

① サービスの対象は、本書を購入いただいた方のみとします。メディカパスポートに登録した後、ダウンロードしていただけるシステムです。
② 各種資料は、研修ツール（講義資料、配布資料など）や業務改善ツールの参考として無料でご使用いただけます。
③ 使用にあたっては必ず「朝来式ケアマネジメント支援サクセスガイド」の出典表示を含めてください。一部を使用する場合も、必ず出典を明記してください。
④ ダウンロードした資料をもとに、作成・アレンジされた個々の制作物の正確性・内容につきましては、当社は一切責任を負いません。
⑤ データやID・パスワードを第三者へ再配布することや、商用利用はお避けください（商用利用：販売を目的とする宣伝広告のため、ダイレクトメール、チラシ、カタログ、パンフレットなどの印刷物への利用）。
⑥ 上記②③にかなう制作物をインターネット上で公開することも可能ですが、ダウンロードした資料のみが転用されないようご留意ください。学術論文（雑誌や書籍への投稿・執筆）に転載をご希望の場合は、当社編集管理課まで別途、転載許可をお申し出ください。

1章

ケアマネジメント支援の はじまり

土を耕す

実がなる ◀ 葉を育てる ◀ 幹をつくる ◀ 根をはる ◀ 土を耕す

1-1 ケアマネジメント支援がなぜ必要か

主任ケアマネジャーに求められるもの

　日本は今、世界に類のない超高齢社会となり、一人暮らしや老老介護、生活困窮や認知症など、複雑で多様な困難を抱える高齢者が増えています。

　社会全体で介護を支える介護保険制度の要として介護支援専門員（以下、ケアマネジャー）が配置され、2006（平成18）年には、そのケアマネジメントを支援する目的で、「主任介護支援専門員」（以下、主任ケアマネジャー）が創設されました。

　そのような中、地域包括ケア研究会[*1]は、地域包括ケアシステムの構成要素として、植木鉢の絵[*2]を示しました（図1-1）。この植木鉢は、地域で1つではなく、一人の利用者さんに対して1つ、つまり、一人ひとりのニーズに合わせて、オーダーメイドで作る植木鉢とされています。

　例えば、認知症で自分の気持ちが言葉にしにくい方の場合には、お皿の部分を大きくした植木鉢を作り、ご本人の言葉が周囲の人にも大切にされるような「自己選択・自己決定」をサポートする環境づくりが求められるでしょう。あるいは、高齢で足や腰が痛いけれども、「この土地でできるだけ最期まで暮らしたい」と言われる方の場合には、土の栄養分をしっかり整え、近隣者との声かけや支え合いを育むことが、ご本人の意向を支えることにつながっていくでしょう。

　このように、それぞれのニーズに合わせて固有の植木鉢を作っていくことが、ケアマネジャーの役割であり、必要な素

[*1] 地域包括ケアの実現に向けた論点を整理するための有識者による研究会。厚生労働省の老人保健健康増進等事業として2008（平成20）年度にスタートし、以降も検討を継続。

[*2] 「植木鉢」の絵は、何度も変更されており、図1-1は、2016年3月公表の報告書で示された最新版。

1-1 ケアマネジメント支援が なぜ必要か

図1-1 ● 地域包括ケアシステムの構成要素

出典：地域包括ケア研究会．地域包括ケアシステムと地域マネジメント（地域包括ケアシステム構築に向けた制度及びサービスのあり方に関する研究事業報告書）．平成27年度厚生労働省老人保健健康増進等事業、三菱UFJリサーチ＆コンサルティング、2016年．

図1-2 ● 主任ケアマネジャー更新研修の概要

目的	ケアマネジャーの人材育成、地域包括ケアシステムの構築に向けた地域づくりという、主任ケアマネジャーの役割を担えるよう、継続的な資質向上を図る
研修の受講要件	主任ケアマネジャーとしての実践の振り返りが研修の中心となるため、地域づくりや人材育成の実践経験が求められる
研修科目	・介護保険制度等の最新動向（講義） ・実践の振り返りと事例演習（講義・演習） 　リハビリテーションおよび福祉用具活用 　看取り等における看護サービスの活用 　認知症 　入退院時等における医療との連携 　家族への支援の視点 　社会資源の活用に向けた関係機関との連携 　状態に応じた多様なサービス（地域密着型サービスや施設サービス等）の活用

2016（平成28）年度から実施（都道府県ごと）

厚生労働省老健局振興課．「介護支援専門員資質向上事業の実施について」の一部改正について．介護保険最新情報 Vol.419, 2015年．をもとに作成．

材が足りないなら、探したり、今あるものを改良したり、新しく作ったりすることを視野に入れたケアマネジメントが重要です。

つまり、地域包括ケアシステムの最小単位である1つひとつの植木鉢を、地域の皆で大切に作り続けていくその先にこそ、地域包括ケアシステムが見えてくるのだと思います。

地域包括ケアシステム構築にあたり、その中核ともいえる役割を担うケアマネジャーには、その資質向上が強く求められています。研修カリキュラムの見直し（図1-2）、ケアプランの適正化、課題整理総括表の活用など、さまざまな取り組みが進められています。

主任ケアマネジャーが実践と研修によって力をつけ、地域でケアマネジャーをきちんと指導・育成できる「ケアマネジメント支援」のしくみを確立することは、行政にとっても、地域にとっても重要な課題となっているのです。

一人では困難でも一緒ならできる

　主任ケアマネジャーには、ケアマネジメント支援として、ケアプランチェックや個別事例検討を通じ、後輩や新人ケアマネジャーに対してスーパービジョン＊を実践するという役割があります。しかし、「自分は受けた経験のない"スーパービジョン"を、わずか10日間ほどの研修で身につけろと言われても…」といった主任ケアマネジャーのとまどいの声が、あちこちから聞こえてきます。

　このような状況の中で、一人の主任ケアマネジャーが、地域や事業所の中で、それらの役割を十分に果たすことはとても困難です。そこで朝来市では、一人ケアマネジャーや、主任ケアマネジャーがいない事業所をどうフォローしていくかも含め、地域包括支援センター（以下、包括）と居宅介護支援事業所（以下、居宅）の主任ケアマネジャーが連携・協働しながら、ケアマネジメント支援を企画・実践してきました。ここで最も重要なのが、「包括と居宅の主任ケアマネジャーが力を合わせて行う」という点です。

＊40ページ2章3節で解説。

＊

　今では、「ケアマネジメント支援が充実しているから、朝来市に就職したい」と、わざわざ遠方から来てくださるケアマネジャーもあり、コツコツ積み上げてきた実践が、実を結びつつある手ごたえを感じています。

　そこで、朝来市では、どのようにケアマネジメント支援の仕組みづくりを進めてきたのか、取り組みのきっかけと経緯についてご紹介します。

1-2 取り組みのきっかけ

　最初に、朝来市について簡単にご紹介しておきましょう。兵庫県朝来市は、人口3万1600人の小さな市で、包括が2カ所（直営、委託）、居宅は11カ所、主任ケアマネジャーは15名、ケアマネジャーは22名（2016年12月現在）です（図1-3）。まとまりやすい、連携しやすい規模といえるかもしれません。

自分のこともできていないのに…

　ご承知のように、ケアマネジャーとして5年の実務経験があれば、主任ケアマネジャーになるための研修が受講できます。研修では、主任ケアマネジャーに必要な倫理、リスクマ

図1-3 ● 兵庫県朝来市の概況

朝来市
（兵庫県のほぼ中央部）
- 人口　約31,600人
- 高齢化率　32.8％
- 要介護認定者　約2,300人
- 居宅介護支援事業所　11カ所
　　ケアマネジャー　　　22名
　　主任ケアマネジャー　15名
- 地域包括支援センター
　　直営1カ所，委託1カ所
　　（2016年12月現在）

ネジメント、ターミナルケア、地域援助技術をはじめ、対人援助者監督指導、個別事例を通じた介護支援専門員に対する指導・支援などのカリキュラムが組まれ、都道府県により多少の差はありますが、64時間（旧カリキュラム）＊の研修を修了すると、「主任」の肩書きがもらえます。

＊2016（平成28）年4月からの新カリキュラムは70時間。

　私（筆者）も、2006（平成18）年に上司の命令でこの研修を受講し、地域包括支援センターの主任ケアマネジャーとなりました。そのときの正直な感想は、「嫌だな、気が重いな」というものでした。まだ、自分のこともちゃんとできていないのに、部下や後輩を育てていくなんて、絶対に無理だと思っていました。

　研修テキストに掲載されている「スーパービジョン」の考え方や技法によって、「対人援助者の独り立ち」を支援しようといわれても、何をどう行えばいいのか、なかなかイメージがわきません。スーパービジョンを自ら受けた経験のない私たちが、スーパービジョンを少し学んだからといって、いきなり、それを実践する立場に立たされても、部下や後輩にどうかかわればよいかわからず、ただただ気が重かったのです。

ところが、2006（平成18）年に地域包括支援センターが開設された途端、初年度から年間230件を超えるケアマネジャーからの相談が寄せられ、私は包括の主任ケアマネジャーとして、地域のケアマネジャーを支援しなければならない立場に否応なく立たされることになりました。

きっかけは居宅の主任ケアマネの言葉

そんなある日、居宅の主任ケアマネジャーが包括に来て、こんなことを言いました。

「研修を受けて、主任ケアマネになったけど、このままやったら事業所加算のためだけの資格になってしまいそう。それじゃあ、ダメやんな。どうしたらいいんやろう？」。私は、彼女の言葉にドキリとしました。

いやだ、いやだと尻込みしている包括の私とは、心構えが全然違うのです。居宅のケアマネジャーは、私より経験豊富なベテランぞろいでしたが、それでも、資格を取ったからといって、いきなり「私、今日から主任ケアマネジャーです！」と自信満々にはなれないのです。人が人を支援することを、10日ほどの講義や演習だけでマスターできる訳もありません。

「今の自分は、ケアマネジメントを言葉にして部下や後輩たちに『伝える力』がない。何ができるだろう、何をしたらいいのだろう？」。

この言葉がきっかけになり、地域で有志を募り、「気づきの事例検討会」をスタートしたのが2007（平成19）年度のことでした。

1-3 「気づきの事例検討会」がすべての出発点

毎月集まって勉強会を開催

　「気づきの事例検討会」[*1]は、スーパービジョンの要素を取り入れた事例検討会であり、その実施を通じて参加者相互の実践力が向上することを目指すものです。

　兵庫県介護支援専門員協会では、少人数・固定メンバーによる、「気づきの事例検討会」の継続した取り組みを奨励し、県内の市（郡）ごとに、地域で事例検討会を企画するための推進員の配置を進めてきました。2007年当時は、県内の各地で少しずつ、気づきの事例検討会のグループが立ち上がりかけていた時期でした[*2]。

　しかし、各地域の取り組みでは、いきなり事例検討会を始めても、なかなか軌道に乗らない状況もみられました。なぜなら、事例の抱える課題をさまざまな角度から見つめる再アセスメントの作業には、グループメンバー全員が、一定レベルの対人援助の価値・知識・技術を習得していること、そし

*1　気づきの事例検討会の目的・理論的背景・開発経緯については、渡部律子編著『基礎から学ぶ気づきの事例検討会』（中央法規出版、2007）、渡部律子「事例検討会の基本と効果」（『ケアマネジャー』2008-11号、p.15-19）に詳しい。

*2　兵庫県介護支援専門員協会での取り組みについて、谷義幸「社会福祉専門職の実践力を高める方略に向けた現場の眼差し〜現任者研修の取り組みを通して考える〜」（『社会福祉研究』106号、2009）で触れている。

て、事例検討の進め方を理解していることが必要だからです。また、自分自身の物の見方や考え方など、個人的な価値観が、無意識のまま事例の理解に反映されてしまうことにも、十分留意する必要があります。

勉強会に臨む準備と心構え

「事例を見つめながら自分自身を振り返る」という、対人援助の基本姿勢を持って事例検討に臨まなければ、実践力の向上には結びつきません。また、複雑な生活課題の背景をひも解いて整理する力を、メンバーが一定レベルで身につけておくことも肝要です。これらのことを理解し、しっかりと準備したうえで事例と向き合わなければ、結果としてうまくいかないことにもなります。

だからこそ、この気づきの事例検討会では、事例の理解を深めるためのアセスメントをはじめとする対人援助の基礎知識や、相談援助面接のスキル、対人援助者としての基本姿勢を、メンバーがある程度身につけることを、よりよい事例検討会を行うための前提としているのです。

朝来市の有志メンバーも、これを忠実に守り、最初の1年目は基礎学習、2年目は気づきの事例検討会の型とルールの

1-3 「気づきの事例検討会」がすべての出発点

表1-1 ● 朝来市気づきの事例検討会　サブ推進員養成研修カリキュラム

| 概要 | ・3年間のコース
・「楽しみながら実践力を高める」がテーマ
・年8回（月1回、18：30～21：00）の活動を予定 | |

1年次	テーマ	概　要
第1回	気づきの事例検討会とは	食事会、自己紹介、一人ひとりの目標の発表
第2回	自主学習会	テキスト第1章　援助職者の基礎を形成する視点
第3回	自主学習会	テキスト第2章　援助関係を形成するもの
第4回	自主学習会	テキスト第3章　アセスメント
第5回	自主学習会	テキスト第4章　相談面接業務の全プロセス
第6回	オープン研修会	「事例検討会で学ぶこと」
第7回	自主学習会	テキスト第5章　面接における言語技術
第8回	オープン研修会	「相談援助面接の技術～なぜ初回面接が大切なのか～」

2年次	テーマ	概　要
第1回	気づきの事例検討会とは	食事会、自己紹介、一人ひとりの目標の発表
第2回	オープン研修会	「対人援助職者の視点」
第3回	オープン研修会	「グループワークを含む参加型事例検討会」
第4回	DVD視聴とグループワーク①	事例紹介・DVD前半の視聴
第5回	DVD視聴とグループワーク②	検討会・DVD後半の視聴
第6回	模擬事例検討会①	再アセスメントのトレーニング
第7回	模擬事例検討会②	検討会の質問づくりに関するトレーニング
第8回	2年次の振り返り	「再アセスメントを行うための視点」（ミニ講義、食事会）

3年次	テーマ	概　要
第1回	親睦会	前年度の振り返りと今年度の目標の発表
第2回	事例検討会	事例A
第3回	オープン研修会	講義「相談援助職者の視点」、ミニ発表「気づきで学んだこと」
第4回	事例検討会	事例B
第5回	振り返り	事例B
第6回	オープン研修会	事例検討会、事例C
第7回	事例検討会	事例C
第8回	振り返り	事例C
第9回	修了式	3年間の振り返り、卒業パーティー、修了証書授与

※カリキュラムは年度により多少異なる。

習得、質問のトレーニング、そして3年目になって事例検討会実施というカリキュラムを組みました（表1-1）。

そして、期間を区切って目標を持ち実践力をつけていくために、3年間で1クールのカリキュラムとし、卒業後は「気づきの事例検討会サブ推進員」となって、次年度からの新たなクールで、企画・運営や先輩・指導者としての役割を担う仕組みとしました。

まずは大事なルールの確認から

また、メンバーの間では、同じ事業所の上司と部下の関係性をはじめとする「地域の力関係」が、勉強会に持ち込まれることも予測されます。そこで、これらのことを兵庫県介護支援専門員協会気づきの事例検討会推進運営委員長（当時）の谷義幸氏に相談し、会の目的とルールを設定することとしました（図1-4）。

はやる気持ちもありましたが、いきなり事例を検討しても実のある事例検討会はできません。だからこそ、立ち上げ当初に十分協議し、対人援助者としての底力をつけるための学習カリキュラムを作成し、3年後の目標をすえ、平素の関係性を持ち込まない「場所」を作れるよう組み立てたのです。

3年1クールがいよいよスタート

最初は固定メンバー11人で、3年間の研修がスタートしました。

1年目は基礎学習を徹底的に行います。渡部律子先生のテキスト＊を第1章から順番に読みこみ、レポートを書き、グループ内で発表するというスタイルの勉強会を毎月行い、その中で、「なぜ自分がこの職業を選んだのか」を各自が言語化したり、バイステックの原則やソーシャルサポート理論、家族アセスメント、面接の技術など、対人援助の基礎となる

＊基礎学習テキストとして、渡部律子著『高齢者援助における相談面接の理論と実際』を使用（医歯薬出版、当時は1999年刊の第1版、現在は2011年刊の第2版）。

図1-4 ● 気づきの事例検討会の目的とルール

自主学習会の目的とルール

(1) 自主学習会の目的

❶ 気づきのスーパービジョン事例検討の実践を通じて、対人援助職としての臨床力、実践力を高める。
❷ サポーティブな環境で、仲間と一緒に学び合い、成長する。
❸ 朝来市地域ケアの現場に、気づきのスーパービジョン事例検討会を広める。

(2) 自主学習会参加のルール

❶ 肩書は捨てる
職場を離れた自主参加の活動なので、所属や立場・経験年数は関係なく、共に学び合える雰囲気を大切にします。役職名ではなく、名前で呼び合いましょう。

❷ めだかの学校方式
「♪誰が生徒か先生か〜」。誰もが生徒になり、誰もが先生になります。一方的な説教や批判は厳禁。「これが正解」というものはありません。異なる考えも「その考えに至ったプロセス」を共有しましょう。

❸ 真剣に取り組む
サポーティブかつ真剣に、目的に向かって力を合わせていきましょう。

(3) 5つのベル作戦（ある研修会で学んだことをヒントに作成）

❶ しゃベル……考えや感情を言葉にしていこう。
❷ 食ベル………美味しいものを食べよう。
❸ 調ベル………テキストで学んだり、他の人の実践を聞いてみよう。
❹ 比ベル………テキストに書いてあることや、自分自身の実践、他の人の意見を比較してみたり、結び付けたりして考えよう。（さまざまな思考のトレーニング）
❺ 差し伸ベル…仲間同士で助け合い、支え合おう。

（朝来市気づきの事例検討会推進員作成）

図1-5 ● 気づきの事例検討会で育まれる力

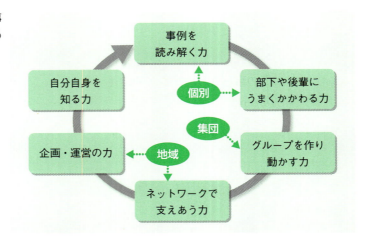

*1 渡部律子監修『DVD版 気づきの事例検討会 スーパービジョンの要素を取り入れて実践力を磨く』(中央法規出版、2007)。
*2 渡部律子編著『基礎から学ぶ気づきの事例検討会』(中央法規出版、2007)に掲載された事例と演習方法にもとづいて実施。

*3 この研修プログラムは、兵庫県介護支援専門員協会が、気づきの事例検討会を地域で実施していくために奨励してきた内容に準じたもの。

知識を学び、自分の言葉で表現するトレーニングを積み重ねました。

そして、2年目になると、DVD*1を見て、気づきの事例検討会のルールや進め方をより具体的に身につけていきます。テキストに載っている事例*2を使って、アセスメントの枠組みをおさらいし、質問を作るトレーニングをします。なぜなら、アセスメントの枠組みを、それぞれが身につけてこそ、よりよい事例検討会が行えるからです。

3年目になると、ようやく、メンバーが交代で事例を提出し、実際の事例で検討会を行います。こうして、気づきの事例検討会を実践していく力を、3年かけてしっかりと学ぶのです*3(図1-5)。

役割が人を育てる

3年1クールで1期生が卒業すると2期生を迎え、同じように3年間学びます。そこでは、あえて先輩と後輩をつくり、1期生が2期生を指導することにしました。このことにより、1期生の「人に教える体験」が、自身の言語化能力や理論的

な思考力、そして人前で話す「度胸」など、人材育成に必要なさまざまな要素を育むのだということを、身をもって体験することになりました。

　また、「気づきの事例検討会」で育んだものを活かし、2008（平成20）年度からは、市内で企画するケアマネジャーの研修で、主任ケアマネジャーにファシリテーターを担ってもらうことにしました。

　最初は、主任ケアマネジャーから「私には無理」などの声が上がりましたが、事前の準備や講師との打ち合わせをしながら、なんとかその役割を担ってもらえるようになりました。研修の中で、新人ケアマネジャーから「バイステックの原則はどうしたら身につきますか？」と、素朴ながらも深い質問をうけ、主任ケアマネジャーがタジタジとしながら必死で答えるという場面もあります。

　地域の中で、このような場を重ねながら、周囲から「主任」として見られ、頼られることで、主任ケアマネジャーがその役割を果たそうとするプロセスは、まさに「役割こそが人を育てる」という言葉どおりでした。

意図的に指導場面をつくる

　主任ケアマネジャーが部下や後輩を指導するこのような場面は、その後、地域包括支援センター主催のフォーマルな研修にも引き継がれることとなりました。

　面接の技術、ICF、ケアプランなど、さまざまな研修の際に、グループワーク形式を盛り込んでくれるよう講師に依頼し、グループのテーブルに一人ずつ主任ケアマネジャーを配置するようにしたのです。そこには、一人ひとりの主任ケアマネジャーが「ケアマネジャーから質問を受ける場面」や、「ケアマネジャーを指導する場面」を意図的に作るという包括の企てがありました。

1-4 主任ケアマネジャーとしての学びと実践の場づくり

学びに学んだ3年間

　ケアマネジメント支援の必要性が高まる中、朝来市では「気づきの事例検討会」を土台として、主任ケアマネジャーの学びと意識の変化が芽生えました。そして、2009（平成21）年度からは、スーパーバイザー養成事業をスタートさせました。

　当時、地域で何をしたらよいのか、ケアマネジャーにどのような話をしたらよいのかがわからず、主任ケアマネジャーは皆、悩んでいました。ケアマネジャーに対して、これまでの経験からアドバイスすることはできても、その言葉にどのような根拠があるかを示すのはとても難しいことだからです。

そこで、アドバイスの根拠を言語化して伝えられることを目指し、主任ケアマネジャーが皆で学ぼうと始めたのが、この事業です。「自立とは何か」などの基本となる概念や理論、面接やコミュニケーションの技術、アセスメントの基本情報を整理するためのマズローの欲求段階説やICFの概念などを時間をかけて学び*、現場での実践と知識を結びつけて言語化し、「自分の言葉で語る」訓練を繰り返し積み重ねました。

*48ページ参照

　この勉強会を3年間継続して行ったことで、ようやく主任ケアマネジャーとしての自覚と自信が持てるようになりました。

教えることで自信がつく

　さらに次の段階として、2012（平成24）年度に新人ケアマネジャー研修を行いました。これは、経験年数3年未満の市内のケアマネジャーを対象に、インテークからモニタリングまで、ケアマネジメントサイクルにそった研修を組みたてたものです。主任ケアマネジャーが、3年間の学びを活かしながらチームを組んで講師を担当し、事業所の垣根を越えた人材育成を実現しました。

　勤務時間後に行う研修は、受講する側にとっても負担は大きかったはずですが、先輩たちの熱心な指導・支援を受けることで、参加したケアマネジャーにも学習意欲がわき、主任ケアマネジャーに相談してみようという意識も高まりました。そして、この新人ケアマネジャー研修は、主任ケアマネジャーが、その立ち位置に立ち、主任ケアマネジャーの役割を果たす良い機会となりました。主任ケアマネジャーの成長には、このような「舞台設定」も欠かせない要素です。

1章 ケアマネジメント支援のはじまり（土を耕す）

立ち位置の難しさ

　ケアマネジメント支援の仕組みをつくるとき、最も難しいと感じたのが、ケアマネジャーから主任ケアマネジャーへの「立ち位置の転換」でした。

　例えば、居宅や包括の主任ケアマネジャーへ、ケアマネジャーから相談が来たとします。主任ケアマネジャーには、そのケアマネジメントの不備な点がいろいろ見えてきます。部下や後輩の実践は心もとなく心配で、ついつい手と口を出したくなるものです。

　そして、「生活歴が取れていない、年金の額も聞いてない。そんなことでは利用者の抱える課題が見えてこないでしょう。私が一緒に行きましょう」と、担当ケアマネジャーを後ろに従えて、自分自身が利用者に面接する、というようなことが起こります。

　ケアマネジャーの方でも、主任ケアマネジャーの役割を理解しないままスーパービジョンを受けている場合が往々にしてあり、代わりに面接してもらって良かった、と勘違いすることにもなりかねません。

「後方支援」に徹する

　しかし、主任ケアマネジャーの役割は、ケアマネジャーを飛び越えて利用者を支援することではなく、ケアマネジャー自身がしっかり利用者を支援できるように、後ろからサポートすることです。

　例外として、虐待が起こっている場合、あるいは生命にかかわる緊急性が高いケースでは、主任ケアマネジャーがケアマネジャーの前に出て動く場面もありますし、主任ケアマネジャーが直接、利用者を担当することもありますが、基本的に主任ケアマネジャーは、ケアマネジャーの行う実践を「支援する」立場になります。

　この立ち位置の転換は、言うは易く行うは難し、朝来市の初代の主任ケアマネジャーたちは3年かかりました。主任ケアマネジャーの役割がわかりにくかったことや、役割がわかっても自分にその自信がなかったことも大きな要因でした。また、自分が直接担当するよりも、ケアマネジャーを支えながら利用者を支援する方が、実はとても難しいということに気づいたのも、ずっと後のことでした。しかし、立ち位置が変わり、主任ケアマネジャーとしての自覚と自信が持てるようになると、自分のためではなく、後輩や部下のケアマネジャーのためにさらに学びたい、という意欲もわいてきました。

1-5 ケアプランチェックから地域ケア会議へ

　気づきの事例検討会、スーパーバイザー養成事業、新人ケアマネジャー研修という朝来市の主任ケアマネジャーによる取り組みは、事業所の枠を超えたケアマネジメント支援という、一定の成果を生み出しました。

　しかし、実務的なところに目を向けると、市内のケアマネジャーが作成するケアプランには、利用者の主訴とニーズ、目標とサービス提供の整合性といった、理論的な思考の裏づけがなく、自立支援に資するケアマネジメントが、十分に行われていないという現状がありました。そこで、2011（平成23）年度から、介護給付費適正化事業＊の一環として、カンファレンス方式のケアプランチェックを開始しました。

＊都道府県が策定する「介護給付適正化計画」に基づき、市町村が行う地域支援事業（任意事業）。認定調査状況、ケアプランや住宅改修などをチェックして、不要なサービスが提供されていないか検証し、利用者への適切なサービス提供と介護給付費の適正化を図る。

図1-6 ● ケアプランチェックからケアマネジメント支援会議へ

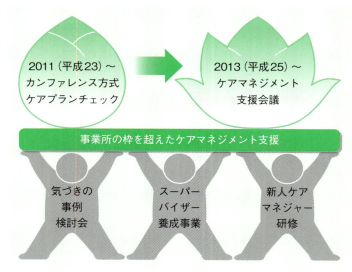

その後、にわかに注目されはじめたのが、地域ケア会議でした。そこで2013（平成25）年度からは、このカンファレンスを、地域ケア会議の一環としてのケアマネジメント支援会議に位置づけ、包括と居宅が連携・協働しながら、地域ケア会議を通じて部下や後輩のケアマネジメントを支援する仕組みづくりを進めてきました。

以下に、そのことをご紹介します＊。

地域包括ケアシステムを支えるツール

まず、地域ケア会議が注目されている背景について見てみましょう。

「2025年に向け、地域包括ケアシステムの構築が急務」──医療や介護、福祉にかかわる専門職や行政の担当者の皆さんには、すっかりお馴染のフレーズです。高齢者が、要介護状態になっても、自宅、あるいは住みなれた地域で、医療や介護など必要なサービスを受けながら、最期まで尊厳を持って自分の望む生活を送ることができるよう、地域ぐるみで支える「仕組みづくり」の考え方は、この数年でにわかに強調されるようになりました。

＊地域ケア会議をめぐる課題と朝来市地域包括支援センターの取り組みについて、足立里江「効果的な地域ケア会議を推進する地域包括支援センターの役割」（『ケアマネジメント学』14号、日本ケアマネジメント学会、2015）で報告した。

*1 介護保険法第115条の48

そして、地域包括ケアシステムを構築するための重要なツールの1つが、地域ケア会議です。介護保険法の改正により、2015（平成27）年度から市町村に努力義務が規定された[*1]こともあり、地域ケア会議の実施が重要な課題として求められています。

多種多様な地域ケア会議が存在

とはいえ、会議の内容や開き方は地域によりさまざまです。毎月開催している地域もあれば、年に1～2回という地域もあります。

会議の進め方も、例えば、行政、包括の主任ケアマネジャー、医療・福祉・介護の専門職が、1事例につき15分ほどで事例提供者にアドバイスを行うという地域ケア会議もありますし、朝来市のように、「向こう三軒両隣会議」「ケアマネジメント支援会議」など、内容と参集者の異なる地域ケア会議を目的別に開催している地域もある、という具合です[*2]。

*2 朝来市の地域ケア会議の詳細は足立里江著『兵庫・朝来市発 地域ケア会議サクセスガイド』（メディカ出版、2015）参照。

2章

ケアマネジャーを支え、力づける「哲学」

根をはる

2-1 ケアマネジメント支援の基本

1章では、朝来市のケアマネジメント支援の取り組みの経緯をご紹介しました。ここでは、その取り組みの中で大切にしてきたこと、すなわち、ケアマネジメント支援の基盤となっている考え方について述べていきます。

実践力を丸ごと身につけていく

対人援助の専門職であるケアマネジャーやソーシャルワーカーの実践力には、大きく3つの構成要素があると言われています。それは、専門職の土台となる「価値・倫理」、利用者の理解に役立つ理論や社会資源などに関する「知識」、そして、利用者それぞれに合った形で具体的に支援を組み立て、実践を展開するための「技術」です。

価値、知識、技術という3つの構成要素は、それぞれ影響を与え合いながら援助者の実践力を形づくっています。朝来

市のケアマネジャーの中では、それを"丸ごと"身につけていくことがとても大事だと考えてきました。

介護保険制度を勉強したからといって、ケアマネジャーとして優れた実践ができるわけではありません。また、リハビリ、薬剤、栄養…、それらの基礎知識を身につけたとしても、実際の事例に引きつけて、その知識を応用することは難しいものです。対人援助職としての「価値」を拠り所として、「知識」とそれを具体的に展開する「技術」、この３つをトータルに"かけ算"で身につけていくトレーニングを続けることが大切です[*1]。そして、ケアマネジメント支援会議は、そのトレーニングの場だと考えています。

専門性を継承する

主任ケアマネジャーには、対人援助の専門職が目指すべきものとして、この３つの実践力を、地域や事業所の中で、後輩や部下に伝えていく役割があります。

自分だけが、まるで"魔法使い"[*2]のような良い支援をしていたとしても、それを伝え、分かち合うことができなければ、次につながらず途切れてしまいます。良い実践を、他者に伝わるよう言葉にしていかなければ、専門性の深化も望めません。

しかし、これらをいざ伝えようとしたとき、「伝えることの難しさ」を痛感するのではないでしょうか。

ケアマネジメント支援会議では、自分ひとりの力では到底言葉にできなかった実践やケアマネジメントの課題について、グループの力を借りながら、一人ひとりのケアマネジャーが言語化していくプロセスを大切にします。そして、このような実践力を向上させるための学びを、地域の中で根づかせていくことも目指しています。

私たちがどのように学び、どのように伝えるのか、その基本となる考え方について、次節以降でご紹介したいと思います。

[*1] 渡部は、「理論をそのまま使うことはできず、知識の応用が必要とされる対人援助職では、実践家は常に価値、知識、技術といった専門職に要求される基礎知識を個々の実践のなかで適切に応用できるように考え続けなければならないのです。そのために、スーパービジョンや事例検討といった形で『実践家の仕事を振り返り、評価する仕組み』が必要となってくると考えられるのです」と指摘している（53ページ「引用・参考文献一覧」① p.130）。

[*2] 奥川は、「臨床実践家の熟成過程」を詳細に描いており、その中で、対人援助職者に必要な視点、知識・技術をどのように身体化していくかを述べている。そこでは、〈経験〉によって蓄積された見事な〈身体性・パフォーマンス〉を見せてくれる実践者であり、一方、その臨床実践の世界を〈言語化〉することが苦手ともいえる、というような人達のことを〈職場の魔法使い〉と表現している（53ページ「引用・参考文献一覧」② p.438～442）。

2-2 実践力を育む学び方を大事にする

▌応用につながる学びこそが本物！

　対人援助者が成長していくときに、どのような学び方（どのような指導支援）をすると、実践力がより身につきやすいでしょうか。

　まずは、以下の2つの学習方法を比べてみましょう。

> **A**「人は間違いを指摘されることによって学習する。」
> **B**「人は**自ら納得したとき、応用可能で有用な学習をする**。」「この学習では、自ら思考するそのプロセスを**尊重**する。このような学習方法を用い、**学習に対してポジティブな経験をすることで、その後の学習が自発的に行なえるようになる**。」
>
> 出典：53ページ「引用・参考文献一覧」①、p.2-3、「事例を検討する人々が最適だと考える学習の方法は何か」に関する記述より抜粋

　Aの学習方法は、短時間で結果が出る反面、指摘された通りにやって成功したとしても、なかなか応用実践にはつながらないでしょう。

　一方、**B**の学習方法は、答えを手渡すのではなく、援助者が、自ら考え気づくプロセスを支援するものです。スーパービジョンでは、この**B**の学習方法を取り入れ、援助者にかかわっていきます。

　ケアマネジャーが、困っている事例を主任ケアマネジャーに相談するとき、答えがほしい、解決策を教えてほしいと期待することも多いでしょう。その際に、主任ケアマネジャー

が自分の知識や経験から、足りないところを指摘し、解決策を提案するのが A の学習方法です。

　一方、こうしたらよいのでは、という方法が見えたとしても、それをいったん脇におき、質問に転換してケアマネジャーに投げかけるというのが、B のかかわり方です。そこでは、ケアマネジャー本人の「思考のプロセス」を大事にします。

　ケアマネジャーの実践力は、常に応用の積み重ねです。利用者の○○さんとかかわってうまく支援ができたとしても、別の利用者の△△さんに同じやり方でうまくいくとは限りません。そこで私たちは、価値と知識と技術を駆使して、△△さんの人となりや置かれた状況に応じたかかわり方を考えていきます。この応用実践こそがケアマネジャーに求められる実践力なのです。

　ケアマネジメント支援会議では、個々の事例を見つめ直す作業を通して、この応用する力、すなわち"本物の実践力"を身につけられるよう、B の学習方法を大事にしています。

経験にもとづく学習サイクルを意識する

　この B のような学習方法は、「内省的学習」*の考え方に基

＊Dewey の思想や Schön の研究などによる考え方。Schön は、自身の行為を省察し実践を通して知識を生成する「省察的実践者」という新しい専門職像を示した、といわれる。53 ページ「引用・参考文献一覧」①において、その考え方とともに、対人援助の専門家にとって必要な学習方法として解説されている。

表2-1 ● 経験的学習サイクルの4つのステップ

第1ステップ	経験している出来事に、オープンになり真剣にかかわる
第2ステップ	そこで起こっていることをしっかりと観察する
第3ステップ	観察した事柄を分析し、「概念化」する
第4ステップ	3つのステップを踏まえて、新たに「積極的な試み」を行う

53ページ「引用・参考文献一覧」③、p.15をもとに作成

づくといわれ、さらに、経験による学習には、4つのステップがあるとされています（表2-1）。これら第1～4ステップは、自分自身の実践を振り返るときや、部下や後輩の実践をひも解いていくときに、今どのステップなのかを意識しながら行うと、経験を実践力に高めていく道筋が見えやすくなるものです。

また、私は、この第1ステップの前には、前提となる第0ステップがあると考えています。

第0ステップは、自分自身の実践について「引っかかり」や「つまずき」を感じていることです。引っかかりやつまずきこそが、援助者としての成長の種になります。利用者への支援のプロセスの中で、引っかかりやつまずきを感じていないケアマネジャーには、主任ケアマネジャーである私たちもかかわりようがありません。まずは、自分自身の引っかかりやつまずきを、見逃さずに意識できること、そしてそれを発信してもよいと思える環境整備が大切なのです。

第1ステップ　経験した出来事に、オープンになり真剣にかかわる

ここでのキーワードは、「オープンになること」です。できていたことも、できていなかったことも、自分自身の実践をありのままに振り返ることが重要です。

しかし、この作業は、自分自身と向き合う作業でもあり、時として痛みを伴います。意外かもしれませんが、この第1ステップでつまづく援助者は多いものです。だからこそ、安心してオープンになれる環境を整えることが重要なのです。

第2ステップ 自分の実践を見つめながら、起こっていること（起こったこと）をしっかり観察する

オープンになる覚悟を決め、痛みを伴う作業に対して腹をくくったら、次は自分の実践をテーブルの上に置いて観察し、それを言葉にしていきます。自分のとった行動、そのときの思考、利用者の表情など、そこで起こっていた事を1つひとつ思い起こしながら吟味していきます。

第3ステップ 観察した事柄を分析し「概念化」する

概念化とは、実際に起こっている利用者の状況と、知識として体得した事象を結びつけて考えていくことを含みます。例えば、次のようなエピソードを示して、部下や後輩にイメージしてもらいます。

> 70代の女性で、膝や腰に痛みを抱える要支援の方。今までは、なんとか身の回りのことができていたが、痛みが強くなり、だんだん一人暮らしが立ち行かなくなってきている。
>
> そのような高齢者は地域に大勢いるが、同じような問題を抱えていても、対処の仕方は一人ひとり異なる。Aさんだったら痛みを我慢して、それでもなお、できるだけ自分で自分のことをしたいと頑張る。Bさんの場合は、痛みがひどくなったら、周囲の人に上手に頼むことで自分の生活を成り立たせる。そしてCさんは、自分からは何も言わないのに、周りの人が放っておけない気持ちになり、頼まれなくてもあれこれと世話を焼いてくれる。
>
> 同じような状況なのに、Aさん、Bさん、Cさん、それ

ぞれ問題対処の仕方が違う。これを概念化すると、Aさんの我慢強さ、Bさんの人にものを頼む力、Cさんの放っておけない気持ちにさせる魅力は、テキストで学んだ「コーピング力」「生活していくのに役立つ力」と捉えることができる。事象や経験を通して「コーピング力」への理解が深まると、他の事例や場面で応用して考えることにつながる。

　概念化は簡単ではありませんが、学んだ知識や基礎理論を手がかりにして、自らの経験や振り返りと照らし合わせることで、次のステップに進むことができます。経験を意味づけする作業といえるかもしれません。主任ケアマネジャーは、それをサポートします。

第4ステップ　概念化をもとに新たな積極的な試みを行う

　概念化をもとに、「我慢強さはリスクを伴うが、この人の力になっている」「何でも人に頼んで厚かましいように見えるが、この力を活用して目の前の問題を自分で解決している」というように見ていくと、ケアプランの内容が大きく変わってきます。

このように、利用者と利用者の置かれた状況を、より良く理解することによって、その力を最大限に引き出し活かす支援が可能になるのです。

皆で繰り返し学び合う

第 0 ステップの引っかかりから始まり、オープンな姿勢で、いろいろな角度から観察し、概念化し、そこから新たな試みにつなぐというこの学習方法は、「経験的学習サイクル」*と呼ばれています。対人援助職の成長を支える、スーパービジョンの考え方にも通じる学習観といえるでしょう。

＊kolbによるモデルとして、53 ページ「引用・参考文献一覧」①④で紹介されている。

自分自身が学ぶときにも、部下や後輩にかかわるときにも、今どのステップにあるか、オープンになれているか、さまざまな角度から観察できているかというように、この手順を意識することが役立ちます。また、このような内省的学習がうながされるような配慮・工夫が求められます。

ただし、この学習ステップを自分一人で行うのはかなり困難です。そこで、ケアマネジメント支援会議では、ここで紹介した「人は、どのようにして学び成長するのか」という学習観、すなわち「内省的学習を通して、応用可能な本物の実践力を育む」という考え方を土台とし、皆で学び合うことを大切にしています。

また、この考え方を繰り返し実践することによって、主任ケアマネジャーの指導者としての基本姿勢が体得され、職場内でのOJTでも活かされていくのです。

2-3 部下や後輩へのかかわりに活かすスーパービジョン

スーパービジョンの基礎知識

　気づきの事例検討会をするにしても、部下や後輩を育てるにしても、その基本となるのがスーパービジョンです。

　スーパービジョンを行う人はスーパーバイザー、スーパービジョンを受ける人はスーパーバイジーと呼ばれます。主任ケアマネジャーは、「主任」となることでスーパーバイザーへと立ち位置を転換することになります。そして、部下や後輩が価値・知識・技術の3つの実践力を身につけ、独り立ちできるようにサポートしていきます。

　スーパービジョンの考え方や実践については、多くの専門書で取り上げられています。ここでは、兵庫県介護支援専門員協会が実施する「主任介護支援専門員研修」で使用してきたテキストを参考に、基礎的な内容を紹介します。まず、スーパービジョンの機能として、大きく4つが挙げられます（図2-1）[1]。

　このうち、中心となるのは支持的機能です。ケアマネジャー自身が、問題の重さや関係の難しさなどで、ひどく傷ついたり、家族に振り回されてどうしていいかわからないなど、疲れきっているときには、あれこれ知識を詰め込まれても頭に入りません。自信をなくし、疲弊している場面では、何よりもまず、感情への手当てや努力したことへの承認が優先されるでしょう。もちろん、そういう場合に限らず、人を支え育てるための基盤として、支持的機能が求められます。

[1] スーパービジョンの機能として「管理」「教育」「支持」の3つが挙げられることも多い（詳しくは、53ページ「引用・参考文献一覧」⑤などを参照）。
ここでは、主任ケアマネジャーの役割と照らし合わせやすいように、兵庫県の主任介護支援専門員研修の内容に準じて、4つの機能として挙げております。

2-3 部下や後輩へのかかわりに活かすスーパービジョン

❶**教育的機能**
　スーパーバイジーの話の傾聴・受容から必要なときは指示・指摘・解釈、そのことを通して知識・技法・態度・倫理などを身につけていく

❷**支持的機能**
　心理的機能とも呼ばれ、サポート（支持）を受けることで、スーパーバイジーの成長を促す（対人援助の支援プロセスに近いもの）

❸**管理的機能**
　仕事の負担、ケース数、効率や手順をきちんと守っているかといった管理者、監督者の視点

❹**評価機能**
　スーパーバイジーの直接援助能力の評価と、関係機関や関係者などとの関係構築能力の評価（採点するものではない）

図2-1 ●スーパービジョンの4つの機能[*2]
53ページ「引用・参考文献一覧」⑥をもとに作成

[*2] 兵庫県介護支援専門員協会では、2008（平成20）年度から毎年度、主任介護支援専門員研修の共通講義資料集を、現場のケアマネジャーを中心とした講師陣によって共同作成している。本書で紹介するスーパービジョンの機能、形態などは、その内容に準じて示している。
なお、講義資料集の作成にあたって参考にした主な文献は、53ページ「引用・参考文献一覧」①③⑦〜⑪。

支持と評価が人を育てる

　また、自分の実践に対する適切な評価を、日常的に事業所や実践の中で受けているケアマネジャーはとても少ないのではないでしょうか。私は、支持的機能と評価機能をセットで使うことが、現場のケアマネジャーにはとても重要だと思っています。

　施設入所になってしまったから、そのケアマネジメントが悪かったとはいえません。最後まで家で暮らせたから、そのケアマネジメントは成功だったともいいきれないはずです。

　実践に対する評価が適切に行われていない中で、ケアマネジャーは、自分の実践が良かったのか、悪かったのかもわからないまま実践を重ねています。このような状況の中で、ケアマネジャーのモチベーションがどんどん下がっていく現状を感じます。件数や要介護度の軽重だけで対人援助職が評価

され、専門職としてのやりがいを見失ってしまわないよう、適切な評価ができるしくみが求められます。

また、部下や後輩への教育的機能を発揮する場面では、内省的学習の第3ステップの実践が必要不可欠です。普段から理論や知識を勉強し、事例に即して思考・言語化できる力をつけておく必要があるでしょう。

さらに、管理的機能というのは、仕事の負担、ケース数、効率や手順をきっちりと守っているかといった管理者、監督者の視点で、主に事業所の中でやっていくスーパービジョンの機能です。

内部スーパービジョンと外部スーパービジョン

地域におけるスーパービジョン体制について検討するとき、内部スーパービジョンと外部スーパービジョンを分けて考えることも大切です（表2-2）*。

* 「内部」と「外部」の機能・効果をわけて考える点については、本書の姉妹本（53ページ「引用・参考文献一覧」⑫ p.43）でも触れている。

内部スーパービジョンは、事業所の中で行うスーパービジョンです。従って、管理的機能が重視されることが多いともいわれます。ケアマネジャーの実践力を適切に評価した上で、「今、このケースを担当させてよいのかどうか」という管理的な視点を中心に、支持的機能、教育的機能を発揮します。

一方、包括が地域の中で求められるのが外部スーパービジョンです。外部スーパービジョンでは、管理的機能よりも、支持的機能や教育的機能を重点的に発揮します。上司－部下などの立場を取っ払って、"しがらみ"のない関係のもとで行いやすいともいえます。

上司と部下の関係性の中では、オープンになりきれなかったり、できていないところを隠そうとしたり、ということもありがちです。そこは、内部スーパービジョンの限界と見極めて、外部スーパービジョンにつなぐことも大切でしょう。

居宅の主任ケアマネジャーが内部スーパービジョンをどん

表2-2 ● 内部スーパービジョンと外部スーパービジョン

	内部スーパービジョン (居宅の主任ケアマネジャーによるスーパービジョン)	外部スーパービジョン (包括の主任ケアマネジャーによるスーパービジョン)
主な特徴	・事業所内のケアマネジャーから相談を受け、個別にサポートする ・同行訪問による再アセスメントやロールプレイを活用したトレーニングなど、個々のケアマネジャーの力量や事例の特色に合わせたサポートを行う ・ケアマネジャーが行っている支援とその効果を、上司としてミーティング時などに言語化し、承認する	・主任ケアマネジャーだけでなく、多職種によるコンサルテーションも可能 ・幅広い社会資源の情報提供や、包括が培っている幅広いネットワークを手渡してサポートできる ・外部の第三者としてのサポートが可能。職場内の悩みを受け止めることもできる
居宅と包括の連携	・虐待が疑われるケース、より大きなネットワークが必要とされるケース、資源開発が望まれる要因をはらむケース、外部のケアマネ支援が必要とされる事象などをスクリーニングし、包括へつなぐ	・担当ケアマネジャー本人の了解が得られれば、支援の結果を居宅の主任ケアマネジャーにフィードバックする
	●『ボイスチェンジのテクニック』 伝える内容は同じでも、「声を変える」、すなわち話し手がチェンジすると、担当ケアマネジャーがすんなりと理解でき、腑に落ちる場合がよくある。そこで、居宅と包括の主任ケアマネジャーが連携し、意図的にこのテクニックを活用すると有効である。居宅内だけで部下や後輩を育てようとせず、地域全体で育てていく姿勢が重要。	

どん実施し、内部スーパービジョンの有効性と限界の双方を見極めて、包括の外部スーパービジョンにつないでいけるようなケアマネジメント支援のしくみを、地域の中に築きたいものです。

スーパービジョンの形態

スーパービジョンには主に4つの形態があり、それがスーパービジョンによって得られる効果にも影響を及ぼします（図2-2）。

私自身は、この4つの中でベースとなるのは、個人スーパービジョンだと思っています。私は先生を探して個人で契約を結び、料金を払って個人スーパービジョンを受けています。自分自身が地域のケアマネジャーに、主任ケアマネジャーとしてスーパービジョンを行おうとするとき、自分自身がスーパービジョンを受けて、他では言葉にできない感情を吐露する場面や、自身の課題に合わせて支持的にかかわってもらったり、適切な評価を受けたりする体験がとても重要だと考えたからです。

また、グループスーパービジョンには、個人スーパービジョンにはない素晴らしい学びがあります。福祉の価値を体得

図2-2 ● スーパービジョン（SV）の4形態

① 個人（個別）SV	② 集団（グループ）SV
スーパーバイザーとスーパーバイジーが1対1の面接形式で行う	スーパーバイザーを含むグループで行う

③ ピアSV	④ ライブSV
スーパーバイザー不在、同僚間などで行なう	スーパーバイザーが面接を収録したテープやビデオを通して、また実際にその場に同席して行う

53ページ「引用・参考文献一覧」⑥をもとに作成

していくプロセスの中で、自分と違う考え方や感じ方をする仲間とともにグループスーパービジョン受けることによって、自分自身の価値観に気づき、物の見方や考え方の幅が広がります。

ピアスーパービジョンによる深い学び

　①と②は身近なところで受けられない状況もあり、兵庫県内では、③のピアスーパービジョンが各地で行われているようです。朝来市で行っている気づきの事例検討会も、このピアスーパービジョンの要素を取り入れたものといえます。

　グループスーパービジョンとの違いは、スーパーバイザーがいるかいないかです。気づきの事例検討会の場合、目的や考え方、基本姿勢といったルールを守り、継続することで、スーパーバイザーがいなくても深い学びを得ることができます。

　ピアスーパービジョンの良さは、仲間同士の癒しがそこにあることです。「アセスメントがしっかりできているね」「ケアマネジャーとして大切な役割を果たせていたよ」という承

2章 ケアマネジャーを支え、力づける「哲学」(根をはる)

認の言葉、そのひと言でふっと楽になることがあります。金曜日の夜、1週間の疲れがたまって、早く家に帰りたいと思っていても、気づきの事例検討会に参加すると元気になれるのです。仲間同士で癒し合える、支え合える、学び合える場所を地域の中に作っておくことはとても大切です。

「良い支援を受けた援助者は、良い支援が提供できる」

朝来市の主任ケアマネジャーが、口癖のように繰り返し使う言葉があります。「良い支援を受けた援助者は、良い支援が提供できる」[*1]。スーパービジョンにおけるパラレルプロセス[*2]とも通じるものです。

主任ケアマネジャーによってしっかりと支えられ、適切な評価を受けた経験のあるケアマネジャーは、利用者と対峙したとき、利用者を支え、利用者の努力を評価・承認してかかわることができるようになります。自分がしてもらった支援と同様の支援を、今度は支援者として他の人に行える、ということが、スーパービジョンの「パラレルプロセス」として起こります(図2-3)。

*1 谷は、気づきの事例検討会を通して「よい支援を受けた人はよい支援者になれる」と述べた(谷義幸「気づきの事例検討会による学びの軌跡」、53ページ「引用・参考文献一覧」①p.294)。これは、兵庫県介護支援専門員協会において、事例検討会の実践を積み重ねてきたメンバーが実感し共有してきたことの一端を表しているといえる。

*2 併行過程(併行関係)といわれる。利用者と援助者(スーパーバイジー)の関係性とスーパーバイジーとスーパーバイザーの関係性は、同時並行的に表れることがあり、さまざまな影響(肯定的な場合も否定的な場合も)があるとされる。例えば、53ページ「引用・参考文献一覧」⑬p.144-145、178-181、187-188、562-564に詳述されている。

図2-3 ●「良い支援を受けた援助者は、良い支援が提供できる」

援助関係A　　援助関係B
支えてくれる人　　対人援助者　　利用者
(主任ケアマネジャー)　(ケアマネジャー)

援助関係A＝援助関係B

ケアマネジャーと主任ケアマネジャーの間の「援助関係A」は、実際の援助場面におけるケアマネジャーと利用者の「援助関係B」と同じである。

主任ケアマネジャーとケアマネジャーの援助関係をA、ケアマネジャーと利用者との援助関係をBとすると、「A＝B」になります。

　ケアマネジャーが、包括や主任ケアマネジャーに相談してくる事例には、援助関係がうまくいっていない場合が多くあります。そのようなとき、ケアマネジャーの悩みや課題を主任ケアマネジャーがひも解き、承認したり一緒に考えたりしながら丁寧にかかわりを持つことで、Aの関係性がよくなります。そうすると、「A＝B」の作用が起こって、次にケアマネジャーが利用者の前に立ったときには、見方やかかわり方が変わってきます。「良い支援を受けた援助者は、利用者に良い支援が提供できる」ことを念頭に置いて、主任ケアマネジャーが、より良くかかわっていくことが大切です。

　このように、朝来市のケアマネジメント支援会議は、スーパービジョンの考え方をもとに、事例を提出するケアマネジャーへのより良い支援を提供する場であることを基盤としているのです。

2-4 事例をひも解くために「理論」を応用する

ケアマネジメント支援の基盤とする学び

ケアマネジメント支援の基盤となる考え方について、これまで述べてきたことを、もう一度まとめてみましょう[*1]。

*1 ここまで紹介してきた応用実践、内省的学習と経験的学習サイクルなどに関し、53ページ「引用・参考文献一覧」①の中で、事例検討会や支持的・教育的スーパービジョンの実践とかかわらせて解説されている。

- 誤りを指摘し、答えを教えるのではなく、ケアマネジャー自身の思考のプロセスを大切にする
- 経験的学習サイクルの4つのステップを意識する
- スーパービジョンの支持的機能に、教育的機能、評価的機能を組み合わせて行う

これらの考え方をケアマネジメント支援会議で実際に行うために、何度も繰り返し学ぶことが重要です。学んで、実践して、ということを続ける中で、これらが「基本姿勢」として身についていくのだと思います。さらに、この考え方をもとにした会議のルールを、参加者全員で共有することが重要になります。

利用者を理解するための枠組み

朝来市のケアマネジメント支援会議には、本題に入る前に必ず行う一種の儀式があります。利用者と利用者の置かれた状況を理解するための枠組みとして、「ICF（国際生活機能分類）」、「ブラッドショー（J. Bradshaw）によるニーズの捉え方」、「マズロー（A. H. Maslow）の基本的欲求の階層（欲求段階）説」、「ジェネラリストモデルに基づくアセスメントの視点」「ソーシャルサポート理論」[*2]等を、検討メンバーが

*2 これらの理論（概念、モデル）について紹介・解説されている主な参考文献として、53ページ「引用・参考文献一覧」①、⑭～⑲を参照。

声に出して説明するのです。

　これには2つの目的があります。1つ目は、主任ケアマネジャーが、自分自身の言葉で理論を説明できるようになること。そして2つ目は、先述の学習方法の第3ステップにあるように、知識としてのこれらの枠組みと、事例すなわち実践とを結びつけて概念化し、課題をひも解いていくことを、会議の中で行えれば、という思いで復唱しています。

　事例検討によって、アセスメントを深め、より良い支援を導き出すために、朝来市ではこのようなさまざまな理論を学び、個々の事例に応じて応用する試みを続けているのです[*3]。

　この中で、事例をしっかりと見つめ直す作業に欠かせないのが、「ジェネラリストモデルに基づくアセスメントの視点」です。渡部律子先生は、アメリカのソーシャルワークの主流をなすジェネラリストモデルでよく用いられているものを整理し、「アセスメントでカバーされるべきデータ項目」として16項目を示し、ヘプワースとラルセン（Hepworth & Larsen）による情報の収集・分析と統合への過程として、包括的な5つの局面を挙げています[*4]。

　朝来市ではこれを参考に、アセスメントを深める枠組みを、「5つの局面（改変）」（次ページ図2-4）として可視化しました。これは、利用者と利用者の抱える問題の背景を明らかにし、さまざまな力を活かして、その人ならではの問題解決を導く視点です。朝来市では、この「5つの局面（改変）」をケアマネジャー全員で学び、ケアマネジメント支援会議でおおいに活用しています[*5]。

　この枠組みは、情報をバラバラに分類して落とし込むものではありません。利用者をまるごと理解できるよう、統合していく思考を助けてくれるものです。

[*3] 朝来市のケアマネジャーたちの学びと実践については、53ページ「引用・参考文献一覧」⑳㉑で報告している。

[*4] これらの理論に関する主な参考文献として、53ページ「引用・参考文献一覧」⑱を参照。

[*5] 172ページ資料編①「アセスメントの思考」参照。

図 2-4 ● 統合的アセスメント 5 つの局面（改変）

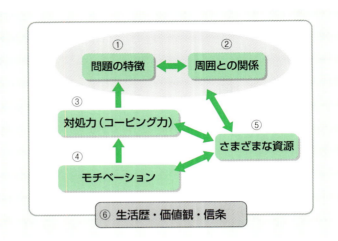

＊詳細は 54 ページの図を参照。

ケアプランに表れない大事な視点

ケアマネジメントの目的は、利用者の「自立支援」と「QOLの向上」であり、ケアマネジャーはそれを目指してケアプランを作成します。そのケアプランには、表記されるものと、言葉には表す事ができない思考の流れや実践の根拠とがあります。

朝来市では、先に挙げたさまざまな理論からの学びを活かして、ケアプランとその根拠について、図 2-5 のように整理しています＊。

例えば、「杖で歩けるようになる」という目標を立てたとしても、身体機能の向上だけが自立支援とはいえません。その目標の奥には、なぜこのような目標設定に至ったのか、一人ひとりに固有の意味があります。

また、ケアプランを作成していく過程で、ケアマネジャーが、いかに「利用者の尊厳を尊重しながら」「利用者と向き合い」、「信頼関係をベースとした相互交流の中で」「専門職として何を見積もり」、「どのようにニーズや目標を利用者と共

＊自立支援に資するケアマネジメントの視点については、朝来市地域包括支援センター作成「朝来市ケアマネジメント指導者マニュアル」としてまとめ、ケアマネジメント支援会議で活用している（184 ページ）。

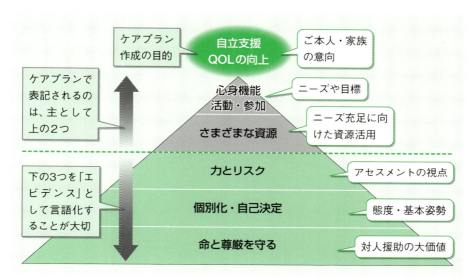

図2-5 ● 自立支援に資するケアマネジメントの視点

有したのか？」ということが大切です。このプロセスがあってこそ、より良い「手立て」が導き出されるのです。

しかし、これらすべてをケアプランに表記することはできません。そして、表記できなかった事ほどご本人への影響が大きく、大切な自立支援の視点である場合も多いのです。そこで、一人ひとりの本人像を捉え、「自立支援に資するケアマネジメント」につながるアセスメントのためにどのような視点が必要かを考えて整理したのが、この図になるわけです。

三角形の上の2つ「心身機能、活動・参加」「さまざまな資源」は、ケアプランに表記される内容です。そして、その根拠となるのが下の3つ、「命と尊厳を守る」「個別化・自己決定」「力とリスク」の部分です。

例えば、健康や心身機能に関して、栄養や服薬の管理、機能回復訓練などの具体的な記述がケアプランに表記されているとすれば、その背景として、本人の生活を形づくっている

さまざまな要素を考慮し、変化の可能性やリスクを吟味しているのです。したがって、エビデンス（下の３つ）をもとにケアプラン（上の２つ）を抽出すること、そしてケアプラン作成後は、そのプラン（上の２つ）について、エビデンス（下の３つ）を言語化し、利用者をはじめとするチームメンバーで共有できるようにすることが大切なのです。

一人ひとりを大切にする自立支援を

　自立支援に資するケアマネジメントにつながるアセスメントにおいては、身体機能だけではなく、「力」や「システムとの関係」など、生活全般を見渡した情報の分析・統合がとても重要です。

　「行為としてできることが増えた」「ベッドから離れて過ごす時間が増えた」という「目に見える結果」を出すことだけが、自立支援ではありません。利用者と家族が、自分たちの抱える問題と向きあい、解決に向かって歩んでいくプロセスの中で、新たな可能性が見え、自分たちの力が再認識できることが大事になります。

　ケアマネジャーが、ご本人の力を見つけ、引き出し、それを言語化して承認する。そして、周囲（人、サービスなど）との関係性を調整しながら、その力を生活の中で活かしていく。そのようなかかわりがあってこそ、一人ひとりの「自立」を考えたケアプランを作成・実施できるのではないでしょうか。利用者の自立支援に資するケアマネジメントのために、ケアマネジャーは、この役割を意識して担っていく必要があります[*]。

＊184ページ、資料編②「自立支援に資するケアマネジメントの視点」参照。

　ケアマネジメント支援会議では、以上のことを共有し、事例に沿って利用者理解を深め、その人にとっての自立の意味と支援のあり方を、皆で考える場としての意義があるのです。

2章 引用・参考文献一覧

①渡部律子編著．基礎から学ぶ気づきの事例検討会．中央法規出版、2007．
②奥川幸子．身体知と言語―対人援助技術を鍛える．中央法規出版、2007．
③渡部律子．「よい事例検討会」とするために．ケアマネジャー．2003年1月号．
④渡部律子編著、兵庫県介護支援専門員協会編．ケアマネジメントの進め方．中央法規出版、2015．
⑤渡部律子．社会福祉実践を支えるスーパービジョンの方法．社会福祉研究、2008、103号．
⑥兵庫県介護支援専門員協会．主任介護支援専門員研修「事例研究及び事例指導方法」「対人援助者監督指導」共通資料集．2008-．
⑦兵庫県、兵庫県介護支援専門員協会編．「気づき」のスーパービジョン（介護支援専門員のための実践事例検討集）．2002．
⑧塩村公子．ソーシャルワーク・スーパービジョンの諸相―重層的な理解．中央法規出版、2000．
⑨渡部律子．スーパービジョンとは何か．ケアマネジャー．2002年3月号．
⑩齊藤順子．OGSV（奥川グループスーパービジョン）モデルを用いた事例検討の方法―実践する力を育む事例の活用の仕方．ソーシャルワーク研究、2002、vol.28、No.3．
⑪奈良県社会福祉協議会編．ワーカーを育てるスーパービジョン―よい援助関係をめざすワーカートレーニング．中央法規出版、2000．
⑫足立里江．兵庫・朝来市発 地域ケア会議サクセスガイド．メディカ出版、2015．
⑬日本社会福祉教育学校連盟監修．ソーシャルワーク・スーパービジョン論．中央法規出版、2015．
⑭上田敏．ICF（国際生活機能分類）の理解と活用―人が「生きること」「生きることの困難（障害）」をどうとらえるか．きょうされん、2005、(KSブックレット)．
⑮諏訪さゆりほか．ケアプランに活かす「ICFの視点」．日総研出版、2005．
⑯日本社会福祉士会編．新 社会福祉援助の共通基盤〈上〉．第2版、中央法規出版、2009．
⑰庄司順一ほか編．ソーシャルワーカーのための心理学．有斐閣、2001、(社会福祉基礎シリーズ)．
⑱渡部律子．高齢者援助における相談面接の理論と実際．第2版、医歯薬出版、2011．
⑲渡部律子．「人間行動理解」で磨くケアマネジメント実践力．中央法規出版、2013、(ケアマネジャー@ワーク)．
⑳特集、"金太郎飴プラン"を脱却する ニーズを深める3つの方程式．ケアマネジャー．2014年4月号．
㉑アプローチの幅を広げる・支援の深みを出す・ワンランク上の仕事術．達人ケアマネ．2016年2・3月号．

利用者と利用者の置かれた状況を理解するための枠組み

■ 統合的アセスメント5つの局面（ジェネラリストモデルの15項目をもとに改変）

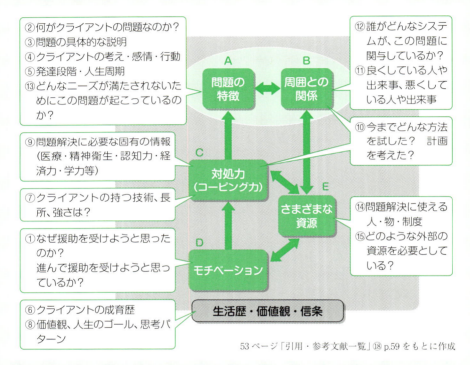

53ページ「引用・参考文献一覧」⑱ p.59 をもとに作成

ジェネラリストモデルをもとに、アセスメントを深める枠組みとして朝来市で可視化したもの（49ページ参照）。

3章

ケアマネジメント支援の実際

幹をつくる

3-1 事業所内でのケアマネジメント支援

　朝来市では、事業所の中で日常的に行われるケアマネジメント支援が、最も重要であると考えています。そこで、第2章でご紹介した「哲学」を土台に、日々の業務の中でどのように部下や後輩の実践を支えているのかを、よくある例を挙げてお伝えしたいと思います。

ケアマネジャーの基本姿勢を確認する

新人ケアマネジャー石垣くん

> 新規ケースの朝田さんのところに、今日、初回面接に行ってきました。ケアプランを立てたので、見てもらえますか？

主任ケアマネジャー竹田さん

> いいわよ。朝田さんのおおまかな状況を教えてもらえるかしら？

図3-1 ● 朝田さんの状況（概要）

朝田さんは現在、H病院に入院中。もうすぐ退院予定なので、今日はご本人との初回面接、そして病院スタッフとのカンファレンスを行った。

- 80歳女性
- 2か月前に脳梗塞を発症し、右半身麻痺
- リハビリにより、車いす自走、ポータブルトイレでの自力排泄、3メートル程度の伝い歩きが可能になった。
- 退院後も、リハビリの継続と血圧のコントロールが必要であることが、カンファレンスでご本人と家族に説明された。

- 50歳代の独身の息子と二人暮らし。
- ご本人は息子のことを「何もできない子」「頼りない子」と話す。
- リハビリについては、「家に帰っても続けたい」「頑張って歩けるようになりたい」と繰り返し話している。

朝田さん、もうすぐ退院されるのね。石垣くんが今気になっているのはどんなことかな？

そうですね。帰ってからリハビリを続けることとか、脳梗塞の再発を予防することが大事だと思っているのですが…。

そうね。カンファレンスでもその話が出ていたみたいね。他にも気になっていることはあるかな？

うーん。退院してから朝田さんが楽しみにしていることとか、何かないかなぁとも思います。

なるほど。病気にかかわるリスク管理と、ご本人の楽しみに関すること、どちらも大切な視点ね。

はい。今、生活課題を2つ挙げているのですが、これでいいのかな、と。

そうねぇ。じゃあ、ICFを使って情報を整理してみましょうか？

はい！

生活課題	長期目標	短期目標	サービス内容
血圧をコントロールしたい	血圧を150mmHg以下にコントロールできる	薬がきちんと飲める	薬を小分けする、内服確認
歩けるようになりたい	トイレまで自力で歩行できる	伝い歩きで、5メートル歩行できる	自宅でできる体操 手すりの設置

※ケアプランは、簡略化して掲載

図 3-2 ● 新人ケアマネジャー石垣くんが作ったケアプラン

出典："金太郎飴プラン"を脱却する ニーズを深める3つの方程式．ケアマネジャー．2014年4月号、p.13.

ICF（国際生活機能分類）を活用する

ICFは、利用者の情報を6つのカテゴリーに分類することにより、多面的に事例を見ることができます。「全体を見る視点」やそれぞれの「関係性を見る視点」、そして「力を見る視点」から事例を見ると、偏りや不足している部分が浮かび上がってきます。見落としていた視点に気づいたら、ケアプランに追加修正していけるようにかかわっていきます。

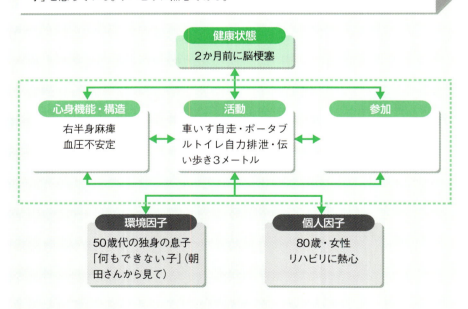

図3-3 ● ICFモデルで分類した朝田さんの情報

3-1 事業所内でのケアマネジメント支援

整理してみて、どうかしら。全体を見て、何か気づいたことはある？

はい。参加のカテゴリーが空っぽですね。

そうね。何か情報はあったかな？

うーん…。あっ、そうだ。息子さんがお茶葉を持ってこられて、それを小袋に分ける作業をされていました。

そうなの。息子さんが？

はい。家のお茶らしいんですけど、右手のリハビリにもなるだろうって。朝田さんも、「こうしておけばすぐにお茶が飲めるからね。まあ、息子にさせられてるんだけど」って、ちょっとうれしそうでした。

なるほど。それは大事なことね。朝田さんは、右半身麻痺になられて、できなくなってしまったことも多いけれど、それでもなお、担われている家事の役割があるっていうことですものね。

　ここで主任ケアマネジャーは、参加のカテゴリーが空白だったことをきっかけに、新たな情報を引き出す視点で、新人ケアマネジャーにかかわっています。
　右半身麻痺になってもご本人が息子のために家事の一部を担っていること、その環境を息子が整えていることは、暮らしへの対処として大きな「力」です。これらをケアプランにしっかりと位置づけ、ケアマネジャーが、ご本人・家族の役割を承認していけるようかかわっていきます。

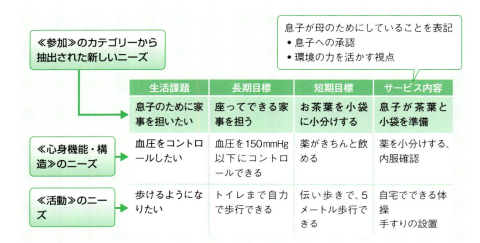

図3-4 ● ICFモデルを活用した修正プラン

出典："金太郎飴プラン"を脱却する ニーズを深める3つの方程式. ケアマネジャー. 2014年4月号, p.16.

マズローの欲求階層説を活用する

　マズローの欲求階層説は、利用者のニーズを5段階に分けて考えることのできるツールです。この欲求階層説をツールとして使うことで、どの階層が満たされていないのか、ニーズの優先順位をどう設定していくのかを、部下や後輩と一緒に考えていくことができます。

どうかな。他にも気になっていることはあるかな？

そうですね。退院時なので、リスク管理をしっかりしたいなと思いました。その1つが血圧コントロールです。

そうね。

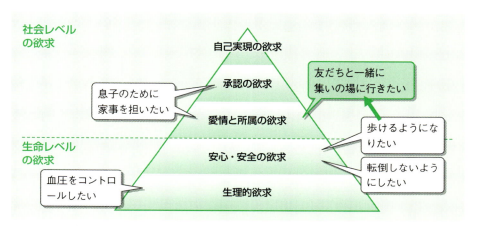

図3-5 ● マズローの欲求階層説で見た朝田さんの情報

あ、忘れていました。転倒のリスクもあります！ 伝い歩きができるようになられているし。

なるほど。転倒予防のリスク管理と、血圧コントロールのリスク管理、どちらも生命レベルのニーズで、退院時直後には見落とせない視点よね。他にも気をつけたことはあるかな？

そうですね。朝田さんは、何回も「歩けるようになりたい」と言われたので、私は、転倒が心配だったのですが…。

<u>朝田さんは、どうしてそんなに歩けるようになりたいのかな？</u>

そういえば、朝田さんが入院されてからの2か月、ご近所のお友だちが二日とあけずお見舞いに来てくださったそうです。

まあ、そうなの。

はい。それで、お友だちがかわるがわる、「早く元気になって」「また公民館のミニデイに行こう」と、朝田さんを励ましてくださったそうです。

そうだったのね。その情報は、石垣くんが気にしていた「朝田さんの楽しみ」にもつながる情報で、しっかりとキャッチしているね。マズローの欲求階層でいうと、愛情と所属の欲求だね。

そうなんですね。そう、大切な情報だったけど、ケアプランには書けてなかったです。

じゃあ、それもケアプランに書いて朝田さんにみてもらいましょうか。

　この場面では、「歩けるようになりたい」という利用者の思いが、実は「友人と一緒に集いの場に行きたい」というニ

「歩けるようになりたい」（生命レベル）
⇒「友人と一緒に集いの場に行きたい」（社会レベル）へ転換

	生活課題	長期目標	短期目標	サービス内容
社会レベルの欲求	友人と一緒に集いの場に行きたい	玄関から外に出られる	伝い歩きで、5メートル歩行できる	自宅でできる体操 手すりの設置
	息子のために家事を担いたい	座ってできる家事を担う	お茶葉を小袋に小分けする	息子が茶葉と小袋を準備
生命レベルの欲求	血圧をコントロールしたい	血圧を150mmHg以下にコントロールできる	薬がきちんと飲める	薬を小分けする、内服確認

退院直後のリスク管理（生命レベル）として追加

図3-6 ● マズローの欲求階層説を活用した修正プラン

出典：“金太郎飴プラン”を脱却する ニーズを深める3つの方程式．ケアマネジャー．2014年4月号、p.19

ーズを満たすための手段だったことが、わかってきました。

ここでのキーポイントは、利用者の言葉を杓子定規に受け取るのではなく、「朝田さんはどうしてそんなに歩けるようになりたいのか？」という疑問が湧くことです。今回は主任ケアマネジャーが新人ケアマネジャーに質問として投げかけていますが、利用者との面接の中でも、このような質問を投げかけることが重要です。なぜなら、そのニーズについて、利用者自身がいきいきと語る場面を作ることに通じるからです。

このように、「生命レベルの欲求」を「社会レベルの欲求」へ転換していく視点を、マズローの欲求階層から学び、部下や後輩の育成に活かすことができます。

ジェネラリストモデルの「5つの局面」を活用する

2章でも述べましたが＊、朝来市ではジェネラリストモデル「5つの局面（改変）」を、事例をひも解くツールとして、しばしば活用しています（次ページ図3-7）。

＊49ページ参照。

利用者の生活歴や価値観を基本に、抱えている問題の背景を明らかにし、利用者の対処力やモチベーションに着目して情報を整理していくと、その人ならではの支援を可能にする「気づき」をもたらしてくれます。

ここまでのところで、ICFやマズローを使って、朝田さんの母としての役割や、友人との楽しみについて新たに整理できたね。どうかな。気になっていることはあるかな？

そうですね、これはケアプランには書けないなあと思いながら、お話だけ聴いたのですが…。

3章 ケアマネジメント支援の実際（幹をつくる）

 どんなこと？

 実は朝田さんは、早くにご主人を亡くされて、今まで女手ひとつで一人息子を育てられてきたんです。

 なるほど。

 なので、3か月前に脳梗塞になるまで50年以上、ずっと一家の大黒柱として生活を支えて来られました。

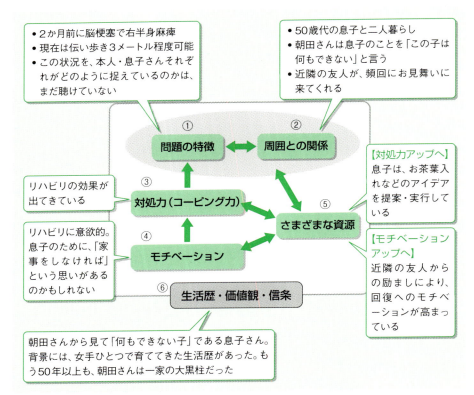

図3-7 ● ジェネラリストモデル「5つの局面（改変）」で整理した朝田さんの情報

そうだったのね。「あの子は何もできない」と言われる背景には、そんな生活歴があったのね。

そうなんです。でも、今後、朝田さんがお年を召されれば、大黒柱としての役割を手放して、息子さんを頼らなければならない場面も出てきますよね。

そうね。これからはそうなってくるよね。親子それぞれが何十年も担ってきた役割を交代する場面だね。

はい。この役割交代がスムーズにいくだろうか、という心配はあります。

なるほど。ここはとっても大事な視点だよね。石垣くん、しっかりアセスメントできているよ。今だけを切り取って利用者さんを理解しようと思ってもできないからね。今のように、時間軸でしっかりと見ていくことも大事だね。

はい。そうなんですね。

そう。「何もできない息子」だからこそ、朝田さんには母としての気概がある、でも、その一方で、今後のリスクもある。その部分はケアプランには書けないけれども、この先、朝田さん自身が「老い」を受け入れていくプロセスの中で、大きな課題になってくるかもしれないね。支援チームの中ではぜひ共有しておきたいですね。

はい。

ケアプランのエビデンスを確認する

ここで最初に帰り、ケアマネジメントの基本姿勢である「自立支援に資するケアマネジメントの視点」(51ページ図2-5)の下3つについて、新人ケアマネジャーの石垣くんがどのようにアセスメントできているかを、事例に即して整理してみましょう。

力とリスク	力	ご本人のリハビリへの意欲、息子さんの力、友人の力をしっかり捉えている。
	リスク	退院後のリスクを予測できている(血圧・転倒等)。
個別化と自己決定	個別化	ジェネラリストの5つの局面を通じて、その生活歴が朝田さん固有の「今」につながっていること、そして将来のリスク予測ができた。
	自己決定	「もう一度歩けるようになりたい」という言葉を、朝田さん固有の意味を踏まえた上で捉えることができた。今後の面接では、本人・家族の現状に対する捉え方や、暮らしの意向等についても聴く必要があることを、整理できた。
命と尊厳を守る	命	病状コントロール等、今後も医療職と連携しながらのリスク管理が求められる。
	尊厳	利用者のことを知りたい、よりよく考えていきたいという思いで、その言葉をキャッチし、利用者と真正面から向き合っていく姿勢そのものが、利用者の尊厳を守ることにつながっている。

図3-8 ● ケアプランに表記されない重要な情報の整理

主任：さて、どうかな。いろんなことが見えてきたようだけど、どんな風に感じたかな？

はい。まだモヤモヤとはしていますが、息子さんのためにお茶を小袋に分ける作業をされていたり、お友だちからミニデイに行こうとお誘いがあったり、大切な情報をちゃんとキャッチしていたのに、それをケアプランに活かしきれてなかったなぁと。

なるほど。そこは次の課題になるのかな。でも、短時間の面接で、大切なことをしっかりと押さえることができていたよ。特に、家族の歴史から今後の家族システムの変化を予想できていたのがすごいと思いました。

そうなんですね。ありがとうございます！

じゃあ、これから朝田さんには、どんな風にかかわっていこうと思う？

はい。少しずつですが、朝田さんご自身が、自分のご病気についてどんな風に捉えられているのかとか、息子さんとの関係性なんかも聴いていきたいと思います。あとは、脳梗塞の再発を予防できるように、医師との連携も取っていきたいと思います。

そうだね。しっかりこれからのことも言語化できたね。今のようにケアチームのみんなにも伝えていってね。

はい！

また、気になることがあったら気軽に声をかけてね。

はい、ありがとうございます。

このように朝来市では、2章でお伝えした「哲学」を土台として、それぞれの居宅介護支援事業所内で、主任ケアマネジャーが、部下や後輩の指導育成をすることを目指してきました。まだまだ粗削りな現状はありますが、スーパービジョンの基本姿勢を身につけ、理論を会得することによって、日々の業務内での指導が可能になると考えています。なお、これは、決して「理論を事例にあてはめる」のではないことに注意する必要があります。

専門職としての尊厳を守り大切に育む

ここで最も重要なことは、先ほどの「自立支援に資するケアマネジメントの視点」の図になぞらえて、まずは主任ケアマネジャーが、部下や後輩たちの専門職としての尊厳を守り、それを大切に育みたいという姿勢を保つことです。

そして、部下や後輩一人ひとりの、個性を尊重し、自己決定（どのようなケアマネジャーになりたいか、どのような実践力をつけたいか）にそって、丁寧にかかわっていくことです。特に、具体的な事象に基づいて、その実践力（力）を承認することと、注意すべき点（リスク）に気づいてもらうことは、次のケアマネジメント支援に直結するサポートになるでしょう。

決して押しつけではなく、部下や後輩がその時に必要としているものを、必要としている形で、丁寧に手渡していくこと。この部分を実現することも、主任ケアマネジャーに求められる人材育成の大切な役割といえるでしょう。

3-2 地域ぐるみのケアマネジメント支援

朝来市では、ケアマネジメント支援が各事業所で日常的に行われることによって、ケアマネジメント全体の資質向上が望めると考えています。

とはいえ、主任ケアマネ一人ひとりの力量には差があり、一人ケアマネの事業所もあることなどから、事業所内でケアマネジメント支援を行うだけでは限界があることも見えてきました。

そこで、事業所の垣根を越え、地域ぐるみでケアマネジメント支援の仕組みを作ろうとしたのが、第1章でお伝えしたカンファレンス方式ケアプランチェックです*。ここで、ケアプランチェックから発展したケアマネジメント支援会議の実際についてご紹介していきます。

*28ページ参照。

ケアプランチェックの目的と概要

ケアプランチェックは、決してケアマネジャーのできていない部分をあげつううためのものではありません。自立支援に資するケアマネジメントの実現に向け、ケアマネジャーの資質向上から住民と専門職のネットワーク構築まで、段階的な展開構想*を見据えてスタートした取り組みです。

その後、2013(平成25)年度に地域ケア会議へ移行した際には、個別ニーズからケアマネジメント全体・地域全体の課題を抽出し、資源開発につなげるという目的も加わりました。

そして、これらの目的を達成するためには、ケアマネジャーの多角的な思考力を育み、それを言語化する力が必要と考え、先述のように、意識してスーパービジョンの要素を取り入れてきたのです。

*Webダウンロード資料「自立支援に資するケアマネジメントの実践・展開構想」参照。

3-2-1 ケアマネジメント支援会議のルールと枠組み

ケアマネジメント支援会議のルール

　ケアマネジメント支援会議にスーパービジョンの要素を含ませるために重要となるのがこのルールです（図3-9）。このルールは、「気づきの事例検討会」の基本姿勢と学んだことがベースになっています。「批判や時期尚早の意見・アドバイスをしない」というルールは、第2章で紹介した「経験的学習サイクル」のステップ*になぞらえて事例を振り返ることができるよう、事例提供者がオープンになれる環境を用意するためのものです。

＊36ページ表2-1参照。

　また、「担当ケアマネジャーの思考の流れに沿った質問を丁寧に重ねる」等のルールは、検討者が事例提供者を支持し、質問を重ねることによって、事例提供者自らが支援のプロセスを振り返り思考する「Bの学習方法」を実践できるようサポートするためのものです。

　実は、この「質問」を事例提供者の思考の流れに合わせて投げかけることは意外に難しく、むしろできていない部分を指摘したり、自分の意見を言う方がよほど簡単なのです。「意見が言いたくなったら、いったんそれを飲み込んで質問に転換しよう」。これも、朝来市主任ケアマネジャーの合言葉です。

　参加者全員がこのルールを守れるよう、支援会議の冒頭で、図3-9に示すルールを復唱し、毎回、あらためて肝に銘じる時間を作っています。

図3-9 ● ケアマネジメント支援会議のルール

- 時期尚早の助言・アドバイスはしない。
- 非難・批判をしない。
- 自分の考える解決法や推測がより現実に即していたとしても、それを事例提供者に押しつけない。
- 情報が足りない部分は、検討者からの"質問"によって事例提供者へ問いかけていく。
- "質問"によって、利用者と利用者が抱える問題、事例提供者の引っかかりなどが、事例提供者自身の言葉で語られるプロセスを大切にする。
- 事例提供者に対して、利用者への相談援助面接と「同様の配慮」をする。

参考：渡部律子著「基礎から学ぶ気づきの事例検討会」（中央法規出版、2007）

アセスメントを深めるツールを共有

　前述のように、朝来市のケアマネジメント支援会議では、本題に入る前に必ず、ICF（国際生活機能分類）、ブラッドショーの3つのニーズ、マズローの欲求階層説、ジェネラリストモデル、6つのソーシャルサポート理論等のおさらいをします*。

＊48ページ参照

　「毎回する必要があるの？　忙しいし、時間がもったいない」と思われるかもしれませんが、参加者全員が理論や基礎知識を共有するためのこのステップは、面倒でも省略せずに行うことが大切です。これらを共有することにより、経験的学習サイクルの第3ステップ（概念化）が可能となっていくのです。

会議の進め方

　1回の会議で扱うのは1事例、ケアプラン作成や支援に困難を感じている事例を選定し、担当のケアマネジャーが事例

図 3-10 ● ケアマネジメント支援会議の枠組み

① 事例紹介（15分）

② アセスメント質問（30分）

③ 休憩（10分）

④ 検討者からの「見立て」の提案（10分）

⑤ 事例提供者からの意見・感想（2分）

⑥ 検討者からの「手立て」の提案（8分）

⑦ 事例提供者が「手立て」を選定（2分）

⑧ 検討者からの感想・気づき（10分）

⑨ 事例提供者からの感想・気づき（3分）

会議終了後　ケアプランの修正とチェック

提供者となります。司会者、サブ司会者、板書係（ホワイトボード）、検討メンバー、記録係、それぞれが役割を担い、なるべく90分に収まるように進行します*。

*『ケア会議の技術』（野中猛、上原久、中央法規出版, 2007）を参考に設計。

会議の枠組みは以下のとおりです（図 3-10）。

❶ 事例紹介（15分）

テーマ、事例の概要、ジェノグラム、担当までの経緯、この事例を選んだ理由、ケアプラン第1・2表のニーズ部分について、事例提供者が説明します。

❷ アセスメントを中心とした質問（30分）

サポーティブに質問を重ねながら、利用者像を明らかにしていきます（焦らず、あわてず、丁寧に、一問一答で）。

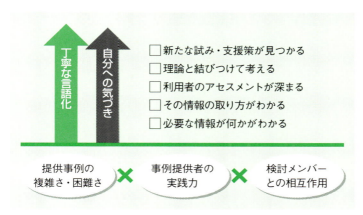

図3-11 ●ケアマネジメント支援会議のゴール設定

❸ 休憩（10分）

　ケアマネジメント支援会議のゴール設定を、司会者、サブ司会者、事例提供者で相談する時間です。

　事例提供者が十分な情報が取れていなくて、アセスメントが深まらない場合は、「この利用者を理解するために、どのような情報が必要かが理解できる」というゴール設定に変更してもよいことになっています。

　逆にいうと、ケアマネジメント支援会議でのアセスメントの深まりを、どの事例にも一律に求めるのではなく、事例と事例提供者、その場の状況に応じたゴール設定ができることこそが、主任ケアマネジャーに求められる指導力だと考えたのです（図3-11）。

❹ アセスメント結果のまとめ（「見立て」の提案）（10分）

　現段階のアセスメントについて、検討メンバーそれぞれの視点で仮説を出し合います。

❺ 事例提供者からの意見・感想（2分）

　検討メンバーの「見立て」を聞いた上で、事例提供者の意見や感想を述べてもらいます。

❻ 支援策のアイデアを出す（「手立て」の提案）（8分）

　検討メンバーは、「見立て」をベースに、実行可能かどうかにかかわらず、さまざまな視点から「手立て」のアイデアをたくさん出していきます。

❼ 事例提供者が、提案された支援策から取り組めそうなものを選ぶ（「手立て」の選定）（2分）

　事例提供者が自ら考えて選び、発表します。

❽ 検討者からの感想・気づき（10分）

　事例提供者の力を言語化して承認します（エールを送る）。また、自分自身が得た次に活かせる学びを伝えます。

❾ 事例提供者からの感想・気づき（3分）

　会議のしめくくりとして、全体を通じた感想や気づきを事例提供者に述べてもらいます。

【会議終了後】

　会議後、事例提供者はケアプランを修正し、事業所の主任ケアマネジャーのチェックを受けることになっています。

3-2-2 ドキュメント・ケアマネジメント支援会議

ここでは、朝来市のケアマネジメント支援会議の逐語録を再現したものをご紹介します。

ケアマネジメント支援会議に提出される支援困難事例の多くが、軽度認定者であることを踏まえ、ここでも要支援1の方の事例を取り上げました。「軽度だから」と問題を軽く見てしまいがちですが、実は軽度認定者の事例にこそ、支援の難しさが潜んでいる場合も多いのです。

サービスだけをあれやこれやと議論する会議ではなく、利用者を深いレベルで理解し、自己決定を大切にしながら、ソーシャルサポートネットワーク(一人に1つの植木鉢)をつくっていこうとする担当ケアマネジャーの苦悩や課題、そして、それを支援しようとする主任ケアマネジャーのかかわりを大切にするのが、ケアマネジメント支援会議です。

テーマ 「毎日笑顔で生活できるように支援したい」

事例の概要

- Aさん、81歳、女性。要支援1。
- 老年期認知症(発症から約2年半経過)、高血圧症。
- 家族関係(図3-12)
一人暮らし、夫は5年前に死去。子どもは2人。

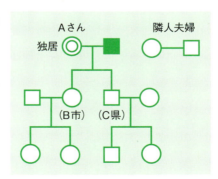

図3-12 ● Aさんのジェノグラム

長女（B市在住）は8年前、脳卒中による半身麻痺で車いす生活となり、長女の夫が介護を担っている。長男（C県在住）の妻の両親は入院中。

■ 担当の経緯

高齢者相談センター（地域包括ブランチ）からの依頼。認知症があり、デイサービスの利用を希望したため、担当となった。

■ この事例を選んだ理由

長男・長女はそれぞれ生活上の事情を抱えているが、ご本人は話し上手で、地域との交流もあり、受診をはじめ日常のさまざまな場面に、隣人からの支援や協力がある。また、介護保険のサービス利用もしており、支援はたくさんあるにもかかわらず、本人は常に不安を感じている。サービスやかかわりの改善によって、気持ちが満たされるのだろうか。どうすれば不安の解消につながるのだろうか。自分の中での「引っかかり」を、会議という場を通して振り返ってみたい。

■ ケアプランの総合的な援助方針

一人暮らしのため、病気（認知症）の進行はあっても、地域の支援や介護保険サービスの利用により、住み慣れた地域でご本人らしく、不安なく生活できるように、ケアマネジャーとして支援していきたい。

▶ケアマネジャーとしての方針と、利用者本人の願いや希望を、整理しておくことが重要。

> **総合的な課題と目標**
> （ケアプラン第1表・第2表のニーズの部分）
>
> ❶ 落ち着いた気持ちで、楽しく毎日を過ごしたい
> ❷ 病気の進行予防に努めたい
> ❸ 人との交流の機会を持って生活にハリを持ちたい

■ 会議参加者

事例提供者（提供者）、司会者（司会）
主任ケアマネジャー9名、理学療法士1名、ケアマネジャー（記録係）

3-2 地域ぐるみのケアマネジメント支援

シーン1 再アセスメントで事例を深める

司会 一人暮らしのAさん、81歳の女性。地域の方とも交流があり、支援やサービスも受けています。娘さんは介護が必要な状態のようです。不安な気持ちの大きいAさんの生活を支えていくために、今から事例提供者さんの引っかかりにそったアセスメントが深めていけたらと思います。どなたからでも質問をお願いします。

認知症について

M 約2年半前に認知症と診断されていますが、最初に気づかれたのは隣人ですか？ どんな様子が見られたのか教えてください。

▶ケアプランに掲げられた目標は、すべて認知症とかかわりのある内容であるため、まず認知症に関するアセスメントを深める方向性で発問。

提供者 今までできていた全自動洗濯機の操作がわからなくなって、何度も聞きにくるとか、一緒に買い物に行ったのに、行った事がわからないようだと、隣人が気づきました。

K 気づいて、専門医の受診はどのようにされたのですか？

▶重ねて具体的に深める質問。

提供者 まず、キーパーソンである娘さんのご主人に「こういう事があります」と報告して、ご主人から隣人に依頼してもらい、隣人が専門医に連れて行ってくれました。すぐお隣の方です。

K お薬は処方されたのでしょうか？

提供者 ドネペジルが出ています。

Y ご本人は、認知症という診断をどのように受け止めておられたのですか？

▶本人の認知症の受け止め方にフォーカスした質問。

提供者 「よう忘れるようになった」と口癖のように言い、「忘れて忘れて困る」と冗談まじりだったものが、だんだん「何で忘れるんやろう？」と涙する様子も見られるようになったので、ご本人は、「忘れる」ということにすごく不安を感じていらっしゃると思います。

> ▶認知症を、本人の側から理解しようと質問を重ねている。

Ⓓ　ご本人は、認知症という病気だとわかっておられるのでしょうか？

提供者　病気とはわかっていないようですが、「忘れるんや」という言葉は、訪問するたびに何度も聞きました。

Ⓚ　具体的にはどんな言葉ですか？

> ▶本人の気持ちや不安を、より具体的に明らかにしようという意図の質問。

提供者　まず「何で忘れるんやろう」が1つ。忘れるからと紙に書くと「何なんやろう、この紙は」と、私にも聞いてこられます。家族の方が書いた洗濯機の使い方を見ながら、「これはどういう事で、誰が書いとるんや」と言われるんです。

周囲との関係性について

> ▶この質問によって、話題の中心が、認知症から隣人との関係（周囲との関係性）へ移った。

Ⓜ　隣人の方は何歳ぐらい？

提供者　はっきり聞いた事はないので想像ですが、70歳過ぎくらいかな。

Ⓨ　Aさんより10歳くらい年下ですね。

提供者　隣人は、Aさんのことを「おばちゃん」と呼んでいます。

Ⓨ　お隣同士のお付き合いは以前からあったと思いますが、お年が離れていても、何か共通する事があったのでしょうか？

提供者　親戚ではないけれど昔から付き合いがあって、なぜここまで親しくされているのか聞いたところ、**隣人が自宅でお姑さんの介護をしていた頃、勤めもあり大変だったときに、Aさんが足繁く通って介護を手伝ってくれたんだそうです。今は反対の立場になり、「何かしてあげたい」**という気持ちからだと想像しています。

> ▶事例提供者自身が持っている情報が、自然に語られている。

Ⓨ　隣人は、Aさんの病気の事はどんな風に思っておられる？

> ▶隣人の認識が出された場面で再度、認知症を違う角度から捉えなおす質問。

提供者　受診にも一緒に行かれるので、認知症が進んでいる事は理解されているし、進行具合の連絡をくださいます。介護保険のデイサービスの回数を増やせないかと、私に直接

連絡があり、キーパーソンに伝えて実際に回数を増やしたこともあります。

Y 認知症のこともよくご存じのようですが、Aさんへの接し方はどうですか？

提供者 私とAさんと隣人、3人で話していたとき、Aさんが「さっき電話があったんやけど…、あったかいな？」と聞かれたので、私が「またかかってくるからね」と言ったら、隣人は「ほら、また忘れる。さっき言うたやろ」と…。そういうことを言える関係なのか、認知症について理解していただけていないのか、気になっていました。

▶隣人は認知症をどう理解しているか、隣人の接し方が、本人の認知症にどのような影響を及ぼしているのか、という視点でアセスメントを深めようとする質問。

司会 隣人とAさんとの関係性が少し見えてきた場面ですね。隣人との関係があったからこそ、「あれ、ちょっとおかしいぞ」と認知症の早期発見につながり、症状もわかってきたところですが、ほかに質問はどうですか。

▶司会者が、ここまでの流れを要約。

E 隣人とご本人のかかわりは多いように思いますが、家族から隣人への思いについて、何か聞いておられますか？

提供者 キーパーソンとは電話のみで、お会いしたことはないんです。介護があり、家を離れられないので。隣人は良くしてくれるが、それだけに気を遣っている節もあります。隣人は、はっきり物を言う方なので、行き違いとか、何か起こってないかなと感じるんです。でも、大変感謝していると、いつもおっしゃっています。

▶ご本人の認知症をめぐる隣人と家族の関係性を見ていこうとする質問。

本人像についてさらに深める

K 認知症の物忘れによって、Aさんの生活に何か支障は起こっていないですか？

提供者 今までできていた洗濯機の使い方を何度も尋ねに来たりしますが、地域のお付き合いは隣人の声かけで参加できるし、買い物は一緒に行かれています。

K 調理はどうですか？

▶認知症がその人の生活にどう影響しているかという、アセスメントに大変重要な視点からの質問。

提供者 簡単なものは作られています。ご本人は母親を3歳の時に亡くされ、姉と二人で生活してきたので、「料理については誰にも負けへん！」と、力強い言葉を聞いたことがあります。

D どんなお料理を作るんでしょうか？

提供者 朝9時頃に訪問したとき、「もうご飯は終わったんや」と言われたので見ると、パンと小鉢とヨーグルトの空容器があったので、しっかり食べていらっしゃるようだと思いました。

D お洋服とかお化粧、髪の身だしなみについてはどうですか？

提供者 自宅ではエプロン姿でお会いしますが、デイサービスでは、きちんとお出かけの格好を整えておられます。

▶一連のやりとりによって、Aさんのできている面と、それを観察できているケアマネジャーのかかわりが見えてきた。

娘さんとの関係について

N Aさんは、娘さんからの電話を待っておられる？

提供者 ご本人からの電話については聞いていませんが、娘さんの方から定期的に電話されるようです。娘さんに対する思いもあるようですが、娘さんの状況もわかっておられるし、そこはちょっとこらえて、「言いたくても言えない」と涙されることもありました

N 「言いたくても言えない」というのは、どんなことですか？

提供者 3人で話していたときに、「お正月に孫たちが来てくれるんではなくて、自分がB市に行って娘さんに何かしてあげたいと思っているんやで、おばちゃんは」と隣人が言い、その言葉に対し「でも言えないんです」とおっしゃったことがありました。

N 娘さんに帰ってきてほしい、一緒に住みたいと思っておられる？

▶なぜここでこの質問が発せられたのか、事例提供者には意図が伝わりにくかった。

▶事例提供者の答えをもとに、質問者が立てた仮説を質問に変換して投げかけている。

提供者 寂しさはあると思います。お一人なので、隣の方だけでは満たされない、というのもあると思います。

M 娘さんは、脳卒中で倒れる以前は、Aさんとどんなかかわり方をされていたんですか？

提供者 娘さん、バリバリ忙しく仕事をされていて、社会的地位もあったようです。病気をされる以前は頻回に帰っていた、という情報は聞いていませんが、娘はすごく忙しかったんです、とAさんが言うのは聞いています。

地域での活動と生活歴について

司会 ここまでは隣人、娘さんとそのご主人との関係性を見てきましたが、まずは、**事例提供者が言われていた「不安な気持ちを持っている一人暮らしを支える支援、Aさんらしい支援」に向けて深めていけたらと思います。**

▶これまでの要約をし、事例提供者の「引っかかり」に焦点化する重要なポイント。

N 地域での活動に、積極的に参加されているような事は？

提供者 地域の行事に参加したいお気持ちは強いです。認知症が進んできて、隣人からデイサービスの日数を増やす相談を受けたとき、ご本人もデイサービスを気に入っていたので、「増やしませんか」と言うと、真剣な顔をして「週に3日も行っているのに、もう1日増やすと、地域に私がおることを忘れられてしまう。私はここにおる。頑張って暮らしている事をわかってほしい。だから3日以上行けないんや」とおっしゃっていました。

▶本人の思いや不安に関する重要な情報が出された。

K この方は、**認知症を発症するまでは、地域でどんな活動をされていたのですか？**

▶地域とのかかわりが、Aさんにとって大きな意味を持つことが推測できるため、その部分のアセスメントを深めるための質問が重ねられていく。

提供者 ミシンを使って、家で学生服を作っていたそうです。地域のこともされていたと思います。想像ですが。

K 編み物とか、手先のことは？

提供者 手先は器用。作った置物はセンス良く飾っておられます。置きっぱなしでなく、季節でちゃんと替えられていま

した。

R　市内で生まれて、生活の場所は何度か変わっておられるんですか？

提供者　市内の生まれで、嫁いでからもずっと現住所です。

M　生活についてですが、料理は得意なようですが、どれくらい作られていますか？

提供者　訪問時に隣人がシチューの差し入れを持ってこられたので、後で頻度を聞いたら「デイサービスの夜ぐらいやで」と。それ以外は自分で作っておられるようです。

M　そういう事に対しては、仕事と思っておられる？

提供者　仕事というか、食べていくためにするという感じです。

司会　司会者の私がこんな事を言うといけないのかもしれませんが、Aさんは不安が大きく、「地域で私を忘れられてしまう」という言葉が、悲鳴のように聞こえてしまったので、地域での様子を深めて行けたらと思うのですが…。

▶日常のセルフケア能力がどれだけ保たれているかを明らかにすることは、支援を考える前提としてとても重要。

▶司会者が、本人の非常に強い思いが感じられる言葉を捉えて、そのような強い気持ちがどこからくるのかを深めたいと発言した場面。

生活歴、家族関係、喪失体験

D　結婚して、この地域でどんな風に生活されていたのかわからないと、その言葉の深い意味は見えてこないと思うんです。生活歴を見て行っていいですか？

司会　生活歴を教えてもらっていいですか？

提供者　22歳の時に結婚（昭和○年生まれ→昭和××年に結婚）、ご主人は3歳年上で、鉄道関係の仕事をされていました。Aさんも、結婚後も家でミシンの仕事をして、さらに習い事もたくさんしていたと聞いています。

D　お母さんを早くに亡くされているけれど、お料理やミシンをきっちり教えてもらっておられるようですね。

提供者　ミシンは、注文があって学生服を作っていたと聞いています。

D　習い事は、どんなことをされていましたか？

▶本人への理解を深めるため、生活歴に関する話題を掘り下げようという提案がなされた。

提供者 お花や、木目込み人形の話をよくされます。デイサービスでも、お花を生けることを役割のようにされています。

K 経済的には、どのようなお家だったのでしょうか？

提供者 経済的に困ったというお話は聞いてないです。とにかくお姉さんと家事をよくしていたと聞いています。

R そうなんですね。ご兄弟は何人おられるのですか？

提供者 4人です。

D この人のコーピング力について聞きたいですね。一つ大きな事、8年ほど前に娘さんが脳卒中で倒れられ、車いす生活となられたのですが、この頃のことは何か聞いておられますか？

提供者 大変なことになって、夫と一緒に手術や入院に立ち会った、と。

D ご本人の言葉で、娘さんの病気の事は何かおっしゃってますか？

提供者 自慢の娘さんでした。息子さんの事はあまり言わないんですが、自慢の娘さんが車いすの生活になってしまい、不安、悲しい、かわいそう、と訪問のたびに言われていました。

K 娘さんに対して、「何かしたい」というようなことを聞かれたことがありますか？

提供者 行ってあげたい、という気持ちを最近聞いたんですが、娘さんの状況を聞くだけでなく、母親として何かできないかと、日々考えておられるのかなと思うんです。

D その大きな出来事を乗り越えていない、あるいは、乗り越えておられるのかもしれませんが、この8年間で、何か、誰かのサポートを受けられたのでしょうか？

提供者 乗り越えていく過程で、隣人の存在は大きいです。何か思いがあったら、隣人に訴えているはず。

D 3年後にご主人が亡くなったときのエピソードは、何か聞いていますか？

▶コーピング力（問題にぶつかった時、どんな場面でどんな風に乗り越えて来たか）については、ここでは学習によって、一定の共通認識があると思われるが、概念の捉え方がずれると質問の意図が伝わりにくくなる。そこで、具体的な出来事を取り上げた質問で補っている。

提供者 ご主人が常に、Aさんと行動を共にしていたそうです。電車に乗るときは二人分の切符を買い、何処かに行くときは「こっちやで」と声をかけて。隣人の話によると、ご主人が亡くなってから何もできなくなったし、何もわからなくなっている。すべてにご主人がかかわっていたので、ご主人がおられない事で隣人への依頼心が強くなったのかも。

K ご主人が亡くなってからは、自分で判断して村の付き合いとかはされていたのでしょうか？

提供者 お父さんの代わりで頑張ろう、という気持ちはあったとしても、慣れていないからできなくて、隣人が、それは出なくてよいとか、ここは私が行ってあげるとか、采配されていたようです。

G 習い事もされていたようですが、隣人のほかにお付き合いのある人は？

提供者 同級生が町内に3人いて、お話しする事があると聞いています。Aさんが畑を作っていないので、野菜を持ってきてくれる人があるそうです。

暮らしと子どもたちとの関係について

司会 かなりいろいろなことが明らかになってきましたが、これだけは聞いておきたい、という方はいますか？

M この方、厚生年金だから働いておられたんですね。どんな仕事をされていた？

提供者 ミシンの仕事で勤められて、厚生年金を30年間掛けていました。

M 経済的にはどうですか？

提供者 キーパーソンにも聞いてみましたが、お金がどうのこうのでなく、とにかくサービスを使いたいと言われて、経済的な心配を聞いたことはないです。

E B市の娘さんとは、どれぐらいの頻度で会っている？

▶ご主人が亡くなった後の役割交代ができているのかという質問に対し、事例提供者は、役割交代ができていない事実をしっかり答えている。

▶隣人の負担感が大きくなっていることに対し、他に使える社会資源はないのか、エコマップに出てきていない関係性はないかを確認する質問。

▶娘さんの障害という、Aさんにとっての大きな喪失体験に切り込む質問。

最近はいつ会いました？

提供者 最近会ったのは１年ほど前と聞いています。お正月にはＢ市の孫と、Ｃ県の息子と孫が来られたようです。

Y ご自身がＢ市へ行ったり、Ｃ県に行ったりされたことはありますか？

提供者 担当してからは聞いていないです。

M 子どもたちの、お母さんの認知症の捉え方はどうでしょう？　何か聞いておられますか？

提供者 娘さんのご主人は役所関係に勤めていたので、制度的なことはよくご存じで、私が「こうしたいんですけど」と相談すると、「どうぞ」とおっしゃいます。でも、特にお母さんを心配しての言葉は、私の中には響いてこないです。物忘れが進んでいる事は、隣人から聞いているそうです。

M 例えばこの先、今の状態でなくなったらどうしよう、と言うような事は？

提供者 今のところ、そのような相談はないですね。

シーン２　見立てを共有して課題を探る

司会 質問を重ねていただき、Ａさんを取り巻く方がたやＡさん自身の思いを深められたかと思います。ここでＡさんについての「見立て」を、二人１組で相談してみてください。その後、発表していただきます。

D この事例の「不安への対処」を考えるとき、一番大きな事は、喪失体験だと思います。８年前に、期待の大きかったであろう娘さんが、若くして障害のある身になったことは、大きな喪失体験。でもこの時はご主人がいらっしゃった。３年後、ご主人が亡くなった事で完全に司令塔を失ってしまった。配偶者を失う悲しみ、プラス自分の生活を采配してくれる司令塔を失って、受容のかなり難しい深い悲

しみがあったと思う。隣人がいてくれたことで、何とかここまで来られているが、この先、隣人がどのようなサポートが可能なのかは、考えどころかな。

K Aさんが自分の物忘れのことに気がついている。娘のために何かしてやりたいと強く思っているが、娘のところに行けない事がすごくもどかしくて、ご飯を作ったりしてやりたいと考えていると思いました。

司会 母の思い、やね。

G ご主人が亡くなられて一人になった時にも、隣人の助けで地域のことにも参加できていたので、ちょっとした支援があれば、力を発揮できる人なのかな。

R 隣人は病院へ連れて行く協力をしてくれるけれど、本当の所どうなのかな。支援のカギとなる人なのでしょうか？

司会 それについては、今後の手立てで考えていくところですかね。いまは見立て＝この人どんな人？　のところを再確認していきましょう。

E 社交的な方だったんですよね。地域とのかかわりもあったが、今は隣人を通してしか、かかわりを持てていないところがあって、地域に忘れられてしまうと不安に思っているのかな？　どうまとめたらいいのかしら。

司会 元々は社交的で、地域とのかかわりもあったけれど、今は隣人が支えている。でも、心細さを感じている、という事かな？

Y 自分の事をわかってほしいし、アンバランスな自分の中で日々葛藤が起こっているのかも。不安となって出ているのかな。

M Aさんの笑顔の出ない理由と言うのを考えてみました。Aさんは料理も得意で、家の中では主婦としての役割をきちんと果たしてきた方。ご主人が亡くなられた不安、自分の生活の不安、娘さんの事も不安と言うところかな。

▶承認の欲求、問題の背景など、事例を理解する上でのポイントと思われる事を、参加者が捉えて投げかけている。

3-2 地域ぐるみのケアマネジメント支援

N 確かにご主人を亡くされ、さらに病気というところで不安があるのでしょうが、家族や地域から頼られる、役に立っている意識や機会はないのかな、デイサービスに行くと、地域から忘れられてしまうと言われるほど、役割意識を持つようなチャンスがないのかなと感じました。

司会 皆さんの見立てを聞かれて、事例提供者さんどうでしょうか。

提供者 皆さんの意見を聞いて、娘さんが障害を受け、司令塔であるご主人が亡くなられたことが、本人に大きく影響していると改めて気づいたのと、その部分を私が知ろうとしないと、(ご本人の悲しみは)ほんとに埋められないんだと感じました。

司会 皆さんに見立てていただいたことから、手立てを考えてみましょうか。

D 手立ての前に、事例提供者さんが今感じておられる、Aさんのリスクや力って何だと思います？

▶あらためて、事例提供者が捉えたAさん像についての言語化を、うながす意図がある。

提供者 リスクについては、隣人とのかかわりがすごく強いので、もし隣人が倒れてしまったらとか、今までできていた役割を果たせなくなったら本人はどうなるんだろうと言う不安があります。力は声かけや見守りさえあれば、十分やっていけるんだなと思います。

▶Aさんの持つ強さや力に、事例提供者が気づき、言葉にできている。

D 声かけや見守りがあればやっていける、どんな力があると見積もっておられますか？

提供者 認知症があったとしても、日常生活では、「こうやで、ああやで」とお父さんに代わるような指示をして、少し手助けしてくれるような存在があれば力を発揮されるし、私が思っている以上の力があるんじゃないかな。

D 服装は乱れていない、玄関の飾りもきれい、お料理もちゃんと作って食べておられる、その力があるので、認知症はあっても日常生活は崩れていない、声かけのところだけ

▶事例提供者の言葉を、具体的に言い換えて確認している。

で行けるかな、と？

提供者 はい。

シーン3 一緒に手立てを考えあう

司会 それでは、手立てを聞いていっていいですか？

M マズローの視点から見ていくと、認知症はあるが、隣の人がいろいろ気を遣ってくれて、生理的欲求や安心安全の欲求は満たされているように思う。でも、地域という集団に所属したいという欲求や、承認されたいという欲求の満足度は不安定なのかな。自分は、地域の中でどのように暮らしていきたいのか、最上位の自己実現を意識しながらここを捉えていきたいと思いました。

▶マズローの欲求階層の最上位である自己実現を、目標と結びつけてまとめている。

Y 隣人のサポートはすごくあるので、「こんな事ができているね」など、自分を評価してもらうこと、ほめてもらうことが少ないので、役割を果たすとか、玄関をいつもきれいにされているとか認めてあげるサポート。電話でいいので、娘さんの声を聞けるとか。自分はここにいたらいいんだ、と思えるように周囲がサポートできればと思います。

▶周囲のサポートによって、どのようにニーズを充足していくか、具体的な内容を示している。

M 今は漠然としているかもしれないが、調理が得意なので、ご自分の料理を近所に振る舞う機会があるといいのかな。

N ご本人が現状でできることがあるのでは？ 例えば電話をするとか、その中で、自信や安心につながるような何かが探れたらいいな。

E ご本人が笑顔になれることは何か、と考えていっていただけたらいいのかなと思います。

R デイサービスの回数を増やすと忘れられる、という思いがあり、地域の中での本人なりの立ち位置があるのかなと思う。立ち位置はよくわからないが、話していったら、地域でどれだけ生活していきたいのか、思いがわかるのかな。

3-2 地域ぐるみのケアマネジメント支援

G 自分の思いを言ってみるというのはどうでしょう。「娘の家に行きたい」が、実現可能かどうかはわからないですが…。

司会 可能か、可能でないかは問わないです。

G 言ってみたらご家族やお孫さんから、何かアクションがあるのではと思います。

司会 思いを押し殺してたけど、言ってみたら案外何かできるかも、ということですかね。

▶言い換えて意味づけしている。

K 一番の願いである、母としての役割を果たしたい、娘さんの所に行って娘さんのためにご飯を作ってあげたい、そういうことができたらなと思いました。

▶本人の役割意識とモチベーションを高めること、そして持っている力を発揮してもらうための手立てを考えている。

D まず参加・役割。要支援1の方なので、認知症予防も込めて笑顔を引き出したいと思ったので、今、実際にご本人がされていることに対して、ケアマネとして意味づけしていける手立てを考えたいですね。家族は亡くなった後も、生きている家族に影響を与え続けますよね。仏壇にお花を供えたり、お経をあげたりすることが、ご本人の妻としての役割になります。そこで「今日もお父さん喜んでおられますね」と、誰かが言ってあげているかどうか。仏壇にお祈りされて「娘さんが苦しまないように、ご主人も元気に過ごせるように」とか、本人がされていることの意味づけをしてあげる人がいたらいいなと思います。

▶自立に向かうこの人らしい支援とは何か、身体機能に偏らない見立てと手立てを、皆で考えようとしている。

次に、ソーシャルなサポート。ご近所や同級生からの支援はたくさんあるけれど、司令塔の夫を亡くしてからは、近所の人を夫の代わりとして頼りがちで、これもハイリスクだと思う。近所の人も年を取っていく中で、支援者を支援する視点やかかわりがいるのかな。もし一人の人に荷重がかかり過ぎているなら、分散できるようにメンバーを新たに増やすとか、何らかの手立てが必要になってくるのかなと思いました。

司会 手立ての中で、事例提供者さんが「これはもらった」と

▶他のメンバーから、あれこれ意見を言うだけでなく、事例提供者の理解や納得を大事にするための司会者の役割。

89

思われる物がありましたら、どうぞ。

提供者
- 自分を評価して欲しい：モニタリング時に、すぐに言葉にして伝えられると思う。私は、Aさんの良いところをいっぱい知っているので。
- 娘さんの所に行きたい：実現可能かわからないが、思いを伝える手段を検討していく。
- 支援者支援：隣人（支援者）への支援も気にかけて考えていく。

この3つです。

シーン4 まとめ

▶参加者からの惜しみない承認の言葉をたっぷりと受け取ることで、事例提供者のモチベーションがアップする。

司会 検討メンバーからの感想を、事例提供者さんへのエールも込めてお願いします。

N こういうケースが増えていくのかな。身のまわりのことができてしまうと、一見大丈夫そうに見えるけれど、そのままにしていると問題が出てくる。いろいろとかかわっておられる様子が見えたと思いました。お疲れさまでした。

M 手立てのところで「承認する」と言うことで「私は、Aさんの良いところをいっぱい知っている、言葉にして伝える」と言われ、これだけの情報もたくさん持っておられ、今後良い支援に繋がるんだろうなと思いました。

Y 独居の人は誰もが不安だけど、奥が深い不安の中で、わかっていても事例提供者さんが一つひとつ確認している。ケアマネとして、するべきことがきちんとできていることが、会議のやりとりの中にすごく出てきていた。あとは、事例提供者さんが捉えられている事を、しっかり言語化してご本人に伝えることができれば、十分支えていけると思いました。

E 要支援の方で、認知症があっても人の言葉もしっかり聞

いておられる、家族との関係、近所との関係をどう作ったらよいか等、大変な場面にしっかりかかわって良い関係ができていて、連絡もしっかりついていて、それによって支援がしやすくなる事がよくわかりました。1つひとつ大事にかかわっておられる事が伝わってきました。

R 自分のケースでも、要支援で独居の方、傍から見るとうまくいっているようでも、小さいリスクがたくさんあるケースが多いので、アセスメントでどういう形で次のかかわりを持っていくか、考えさせられました。良いところも知っているし、かかわりも良くされていると思いました。

A 毎日笑顔で生活できるように、というテーマから、気になることとか、たくさん情報を把握されて、しっかりアセスメントされていて勉強になりました。

K 良くアセスメントされている。デイサービスを家族が増やしたいという時、「ちょっと待てよ」と本人の言葉をきちんと聞いておられて、そのまま増やすのでないところに、事例提供者の力量を感じました。「手立て」のところで、できそうな事として「承認」と言われて、何でも言語化する事、ご本人の思いも言語化してもらうように支援していくことが大切と言うことを私も改めて感じました。

D この事例を選んだ事例提供者の視点が、すごくいいと思った。そんなに困難ケースではない、日常生活は成り立っている、でもケアマネとしては、なぜかしっくりこない感じを持ち続けてきた、そのケアマネとしてのセンサーが良いなと感じました。周りにこれだけ大勢の人がいても、ご本人の一番痛いところに誰も手が届いていないような気がする、と言われていた、見落としがちだけれど、軽度認定者にかかわる、一番手当てをしなければいけない大事なところだと思います。

　いろんな事例からみても、要支援1から要介護1、2ま

ではだいたい難しいんです。ケアマネの面接の腕がいるのは軽度認定者。なぜなら、いろんな物を次々失っていく時期で、それをどうサポートしていくかは、とても難しい。ブラッドショーの説明で、フェルトニーズは本人の感じているニーズであって、ディマンドじゃない。言ってくれることがディマンドだけれど、フェルトニーズの奥の深さもあり、その辺が少し垣間見られて良かったなと思いました。それをキャッチしていた事例提供者さんのセンサーの良さを感じました。

U 声（訴え）の大きい人に向きがちになりますが、本人の言葉を聞こうとされていた事例提供者さんの対応の仕方、ご本人を大事にしており、次に繋がる事が見えてきていると思いました。

T いろいろな意味ですごいなと思いました。質問がまとまってはいなかったのに、1つひとつにきちんと答えられているところがすごいし、ご本人さんと良い関係を持っておられると思いました。

司会 良いところをたくさん知っているんです、と言う事例提供者さんの視点がすばらしいですね。ケアマネジャーは悪

3-2 地域ぐるみのケアマネジメント支援

いところ、できないところに視点を置いてしまうけれど、今日は、できるところ、できていないところ、それぞれをしっかり言語化できていて、この人の良いところもいっぱい入手しているんやで、という姿勢が「笑顔が見たい」のテーマに繋がると感じました。ご本人と家族にだけ、ついつい目が行きがちですが、地域の方とのつながりもしっかり捉えていましたし、支援の偏りや負担の偏りをエコマップに書き出したら、負担の大きい人が見えてきて、分散する事もできるのかなと思いました。

とにかく、すべての質問によどみなく答えておられて、すばらしいです。では、最後に事例提供者さんから感想をどうぞ。

提供者 担当が自分じゃなかったら、このAさんはどうなっていただろうと、いつも思っていました。誰か他の人がケアマネジメントしたら、もっと違う良い方向に向かっていたんじゃないか、と不安になりながら、検討会に参加しました。でも今日、ご意見をいただいて、すぐできる事やじっくり練ってできる事などが、はっきりわかったので、それをしっかり考えながらAさんにかかわって行きたいと思います。

※逐語録は、一部を要約・省略しています。

▶どうしても一人では不安に陥りがちなケアマネジャーに対して、しっかりと評価（サポート）することがこの会議の重要なポイント。

3-2-3 振り返り会で深まる学び

　朝来市では、ケアマネジメント支援会議の逐語録をもとに、ときどき振り返り会を開催しています。最近、他の地域で事例検討会をしているグループから、「どんな風に振り返り会をするの？」「振り返りをして何が見えてくるの？」という質問をよくお受けするようになりました。

　そこで、振り返り会開催のポイントとともに、会の雰囲気を少しでも感じ取ってもらえたらと思い、振り返り会の逐語録も、一部ご紹介することにしました。

　ケアマネジメント支援会議を実践するばかりではなく、定期的に振り返りを行うことによって、事例提供者、検討者双方が、相談援助面接の基本と統合的アセスメントについて、より深く学ぶことができるのです。

振り返ることで見えてくるもの

　振り返り会は、ケアマネジメント支援会議で行うスーパービジョンの効果評価および質の向上を目指しています。利用者と事例提供者の間に起こっていたことが、質問を重ねて明らかにされていくプロセスを振り返りながら、この事例に本当に必要な情報は何だったのか、検討メンバーの質問の意図はどこにあったのかを、あらためて考える場です。

　会議の逐語録を読んでいくと、話の流れが変わったポイントが見えたり、自分の質問の癖に気づいたり、検討の際の違和感の正体が浮かびあがってきたりします（図3-12）。それらの気づきを自由に言語化し、整理することを通じて、次の会議でより質の高いスーパービジョンが行えるよう、参加者全員が学ぶ貴重な機会となっています。

図3-12 ● 振り返り会で見えてくるもの

振り返り会の開き方

ここで、朝来市の振り返り会の概要を簡単にご紹介します。

■ 会議の逐語録の準備
- 逐語録作成のポイント
  話のまとまり（ブロック）ごとに見出しを入れ、事例検討のプロセスをつかみやすくしておく
  例）「認知症に対する理解」「子ども時代の思い出」「介護者である妻の病状」等
- 配布のタイミング
  事前に参加者に配布し、目を通しておいてもらう

■ 参加者の招集
- 逐語録があれば、支援会議に参加していないメンバーの参加も可能
- 当日検討者だったメンバーが都合で参加できない場合は、事前に意見や感想を聞いておくことが望ましい

■ **時間と流れ**（90分のケアマネジメント支援会議）
- 2時間～2時間半程度
- 90分間の支援会議を大きく前・中・後に区切り（または、いくつかのカテゴリーに分け）、順に黙読した後、意見交換する

　アドバイザーについては、依頼する場合もありますし、アドバイザーなしで行うこともあります。
　このあとご紹介する振り返り会では、ケアマネジメント支援会議の司会者（会議司会）とは別に、振り返り会の司会者（振返司会）を決めて進行し、アドバイザー（バイザー）にも参加してもらっています。

シーン1　アセスメントを深めるやりとりを振り返る

振り返り会のスタート

バイザー　振り返り会は、この逐語録を少しずつ区切りながら、ここではこんな質問が出て、事例提供者の語りからこんなことが明らかになりましたね、というように、思い起こしながら皆さんで意見交換してもらう、そんな流れでいいですか？

振返司会　じゃあ、最初に1ページと2ページを黙読しましょう。理由がわからなくてもいいので、「何か気になるな」という部分を、後で出し合ってくださいね。

バイザー　ケアマネジメント支援会議では、事例提供者の困難な部分を解決するという目的があって、それに向かって皆さん方は見立てと手だてを検討されているわけですよね。それによって見立てがどう深まったか、どんな風に手だてを導きだしたかっていうのが、振り返りのときには必要なの

で、いい意味でも悪い意味でも、「ちょっと気になるところ」とか「引っかかるところ」を見ながら、振り返るといいのかな、と思います。

▶決して、事例検討のやり直し（再燃）ではないことがポイント。

～黙読～

認知症と周囲との関係性

振返司会 今読んだ部分で、「ここ良かったなあ」とか「気になるなあ」というところを出してみましょうか。

バイザー この最初の部分、Mさんの質問をきっかけに、主に認知症についての質問が重なっていますが、検討メンバーの皆さんの中には何か意図というか、認知症についてもう少し深めることで見えてくるものがあるかな、という思いがあったんでしょうか？

K 最初に事例提供者が、「不安な気持ち」って言っておられたじゃないですか。そこに焦点を合わせて、認知症についてMさんが突破口になってくれたのかな。

振返司会 事例提供者の3つの目標の中の1つ。病気の進行予防っていうところで、まずは押さえどころの1つですね。

Y 皆が、認知症のことはどこかで必ず押さえなくては、と思っていましたよね。

会議司会 ここで認知症のことを深めていたのに、「隣人の方は何歳くらいから」っていうところで、急に地域の関係性になったから、私、どうしたらいいかちょっと焦ったなあ。

振返司会 全部つながっているから…。その後、Kさんが認知症の話に戻しましたよね。

K もうちょっと認知症のことを知って、認知症によってどれだけこの人の生活に支障が出るのか知りたかったかな。

バイザー なるほど。事例提供者さんは質問に答えるとき、何かとまどいとか答えにくさはありましたか？

提供者 私は緊張していたので、聞かれたことに答えるのに必死で、あまり気づいてなかったんです。今、こうして活字で見て、認知症、周囲との関係性、また認知症に戻る、っていう流れがわかったんですけど。

バイザー うんうん、なるほど。たぶんYさんも、その前のところでお隣の方の接し方のことを出して、病気のことをどんなふうに思っておられるかと尋ねているのは、何とか関連させながらという思いもあったんでしょうね。

振返司会 この時点で、隣の方の存在ってすごく大きいし、認知症っていう病気も大きい。この両方の大事な部分をうまくつなげているのが、Yさんの質問だと思います。隣人の方がどんな風に思っているか、どんな接し方しているか。

Y 隣人の接し方が、もしかしたらこの人の認知症の進行に影響を与えているかもしれないって思ったんです。話の中では、隣人の方が、上から目線でご本人にかかわっているような印象があったので。

バイザー 今、司会者さんが言われたようなことについて、当日やりとりしている中で、皆さんそういう思いはあったんですか？

K 私はそう思って聞いてました。大事なところだなって。

バイザー 他の皆さんは？

Y いや、全然見えてなかったです（笑）。

バイザー 僕は、この逐語録を読んだとき、その辺を意図されているのかと思いました。意識してなかったとしても、そういう検討の流れを作れるのはすごいことだと思いますよ。

▶何に焦点をあてた検討だったのかを整理している。

▶質問にこめた意図を示している。

グループで事例を検討することの難しさ

会議司会 Kさんは、問題の特徴をもう少し深めてから、周囲との関係に入っていきたかったのでしょうね。

振返司会 そこが、グループスーパービジョンの難しいところだ

と思います。Kさんが1対1でケアマネさんのスーパービジョンをするときは、問題の特徴をもう少し深めてから次に行くのでしょうけど、グループだから、どんな切り口で誰が質問するかわからない。そのかわり、視点が広がるという良さもありますが。

会議司会 そんなとき、司会者は自然の流れにまかせていいんでしょうか。

バイザー ある程度はね。たしかに皆さんの中では、認知症のことをもう少し深めたいのに、お隣の方との関係にそれたな、という思いはあるかもしれませんが、関連させながら行ったり来たりしても、迷走するような感じではないので、この流れにまかせて良かったんじゃないでしょうか。

会議司会 なるほど。

バイザー 事例提供者が、Aさんの不安をすごく気がかりに感じて、認知症と不安に関わるところに絡めた目標を立てているのが、すごいと思います。それから、その目標に沿って、まず認知症のところから明らかにしていこう、という流れもすばらしいと思います。

例えば、Yさんが「ご本人は認知症という診断をどのように受け止めておられたのですか」、次にDさんが「ご本人は認知症という病気だとわかっておられたんでしょうか」というように、「不安」というご本人の気持ちを気にしながら、そこにしっかりと焦点を当てて質問を重ねているのはすごいことです。

さらに、お隣の方がこの病気をどんな風に思っているか、周りがどんなふうに認知症を理解されているかを、質問で明らかにしようとしているのは、皆さんが問題の特徴をしっかり理解しようという思いを持たれているからだと感じました。

アセスメントでは、問題の特徴は何か、ご本人がそれを

> 3 章 ケアマネジメント支援の実際（幹をつくる）

どう思っているかとあわせて、周囲の誰がその問題にかかわっているのか、良くしてるのか悪くしてるのか、っていう視点がありますよね。僕は、Kさんの「認知症の物忘れによってこの人の生活に何か支障が起ってないですか」っていうこの質問、すごいなと思って読ませてもらいました。同じ認知症でも、そのことがその人にどんな影響を与えているかとか、どれだけ生活が大変かというのは、アセスメントの上でとても大事なことですね。

▶ジェネラリストモデルのアセスメントの視点（49ページ）の重要性を事例に即して再確認している。

シーン2 質問と会議の流れを振り返る

質問の意図を振り返って考える①

振返司会 では、次にいきましょうか。5分間、黙読の時間をとりますね。

〜黙読〜

振返司会 ここでは、認知症と絡めてお洋服やお化粧、お料理のこと、あとは地域での活動とか得意なこと、そして生活歴に入っていく…、という流れですね。

会議司会 この「娘さんからの電話を待っておられる？」っていう質問は、意図がわからなかったのですが。

バイザー それをきっかけに事例提供者が、Aさんが娘さんからの電話を待っているという、Aさんの「思い」を話されていますよね。事例提供者がAさんの思いをずっと気にかけていた、ということでしょうか。

提供者 娘さんからは、心配でよく電話がかかってくるし、Aさんからかけることもあったみたいなんですけど、電話を待っているような感じがあったんです。自分からもっと積極的にかければいいのに、待っているところに、何か遠慮

があったり、負担をかけたくないという気持ちもあったのかなと思って…。

会議司会 なるほど、それが「言いたくても言えない」という言葉になったんですね。

N 読み返してみて、私自身が、事例提供者の言葉に引っ張られていたのかな、と思いました。「ご本人がB市に行って、娘に何かしてあげたいと思っている」という情報があったので、「母親の役割」として、娘に何かしてあげたいのではないかと思い込んでいました。でも、その一方で、今言われたような遠慮の気持ちも持っておられたのですね。

▶質問の意図を示すとともに、事例のより深い理解に目を向ける発言。

バイザー ここでの話には、事例提供者は違和感はなかったですか? この方のこういう思いを情報として出したい、というような。

提供者 私、娘さんの話はそれほど重要じゃないと思ってたんですけど、娘さんの存在がこの人の暮らしに与える影響が、こんなに大きかったのかと、今感じました。

▶提供者が振り返りによって洞察を深めている。

ケアマネジメント支援会議では扱えなかった課題

会議司会 私、「地域で忘れられてしまう」っていう言葉が、悲鳴のように聞こえてしまったんですが。これは、何だったんでしょう?

振返司会 事例提供者が言われたことですね。頑張って苦労していることをわかってほしい、とか。

バイザー もっとデイサービスを利用しませんかって言われた時に、地域に私がいることを忘れられてしまうと言っていた、そういう意味合いのことですね。

E ちょっと意味がわかりにくかったんですけど、すごく大事なような気がしますね。

会議司会 今思うと、もうちょっとここ、詳しく聞いたらよかったのかなあとか思って。

3章 ケアマネジメント支援の実際（幹をつくる）

K デイサービスに行ったからって、地域の人に忘れられるわけじゃないと思う。普通はね。でも、それをすごく不安がっているのは、ちょっと引っかかるなあと思って。

会議司会 「頑張って〇〇していることをわかってほしい」といったような、すごく強いご本人の気持ちは、何からくるのだろうかと…。

提供者 お隣の人が、「デイサービスをもう1回くらい増やしたら？」と、私に直接電話してこられたんです。私は「それなら本人さんと話してみますね」って言って、軽い気持ちで「1回くらい増やします？」とご本人に話を聞きに行ったんです。

　ところが、ご本人が「増やすのは絶対イヤ」とはっきり言われたので、「あれっ？」と思って。デイサービスに行くのがすごく楽しいと言っておられたのに、どうしてかなと思ったんですけど、その時はすごく真剣な口調だったので、私も「これは増やしてはいけない」という気持ちになりましたね。

会議司会 思いがすごく強いというか、こんなこと言う人はなかなかいない。テーマに直結しそうな感じですし。

バイザー 事例提供者さん、この辺で、答えながらご本人さん像の捉え方が変わるとか広がるとか、そんな思いはありました？

提供者 そうですね。なんか<u>私が思っているより強い人だったんだなと。</u>

皆 なるほど。

提供者 私は「支援してあげないといけない」とか「助けてあげないといけない」っていうような、自分が上で、Aさんに何かしてあげなければっていう気持ちでいたのですが、「いや、この人には力があるから、それを活かしてあげないといけないんだな」と、答えながらっていうか、聞きな

▶利用者との関係性を見つめなおす大事な点への気づき。

がら思いました。

バイザー そういうところを、娘さんのときも、地域での活動というやりとりでも、会議司会はちゃんとキャッチしている。司会として大事なところを捉えている感じですね。

周囲からのサポート

バイザー さて、そこから生活歴に入っていきますが、Dさんの質問が起点になって、まずAさんのコーピング力を聞いて、2、3やりとりした後に、何か誰かのサポートを受けたか、と聞かれてるわけですね。このコーピング力をここで質問した意図は、どの辺にあるのでしょう？

D そうですね。この人の人生には、2つの大きな喪失体験があったんですよね。自慢の娘さんが、脳卒中で倒れた。ここが1つ、人生のキーポイントになる大きな喪失だと思うんです。もう1つは、その3年後にご主人が亡くなった。この2つの喪失体験をどんなふうに乗り越えられたのかなっていうのは、最初から聞きたいと思っていたところなんです。

K その後のDさんの質問は、まだ乗り越えられてないと思ったから？

D どうだったかな…。娘さんが病気になったのは、とても大きな喪失だったと思う。でも、8年くらい前のことで、乗り越えてやってきてるんだから、それには何か誰かのサポートがあったのかな、と思って質問したのかな。

E そこで、事例提供者が、やっぱり隣人が助けてくれたのだと。そういう隣人との関係、サポートがあったし、今もその隣人のサポートで、この人の生活が助かる場面があるのかな、という状況が見えてきますよね。

振返司会 ああ、そうか。だからGさんが、この隣人のサポートの負担が大きくなっていると思って、他にお付き合いの

▶会議の場で焦点となった事柄を、振り返り会で再確認している。

3章 ケアマネジメント支援の実際（幹をつくる）

ある人、他に使える社会資源はないか、と聞いたんですね。

K Dさんが、ご主人が亡くなってからのエピソードについても質問していて、事例提供者の答えで、やっぱりご主人が亡くなったこともすごく大きな喪失感だったことが、改めてよくわかりました。

バイザー 大きな喪失と、それを乗り越えるコーピングということですが、事例提供者の中ではこの点はどうでした？

提供者 そうですね。娘さんが車いすになったことと、ご主人が亡くなったことは、すごく大きな出来事だったし、そこに隣人の存在があったんだぁと思ったりして。そういう場面を乗り越えたAさんは、力のある人だと改めて思いますね。

バイザー 今、言ったようなことは、振り返りでのやりとりで気づいたことですか？

提供者 こうやって活字で見たり、話を聞いて思いました。

シーン3 見立てと手立てについて振り返る

バイザー 事例提供者としては、見立てのやりとりはどうでした？ 深まったり広がったりした面はありました？

提供者 そうですね。まずは、自分が用意していた情報が、質問に答えることでしっかり出せたという安心がありました。

バイザー 「不安を支える」という部分については、事例提供者の中ではどうでした？

▶提供者自身が、振り返りを自分の言葉で言語化することが重要。

提供者 不安については、やっぱり「ご主人が亡くなったこと」と「娘さんのこと」、それから「隣人との関係」、この3つは絶対外せないなっていうのがあって、ここで質問されたようなことを、早く本人に確認したい気持ちになりました。

バイザー まさに今おっしゃったように、プラスもマイナスも含めた隣人との関係、娘さんのこと、ご主人を亡くされてか

らの生活、これは不安と大きくかかわると思うから、そこのところをしっかり捉えられたのは、見立ての深まりというか、大事なことだと思いますね。

板書係の振り返り

N 私、板書係さんが感想のところで、「今回は質問がばらけてた」って言われていて、どういうことか聞きたいなと思っていました。

板書係 もうちょっと書くのかなと思ったら次の質問っていうか、ちょっと違うところに行くので。エコマップを書くんだろうなとか、生活歴を書くんだろうなとか、できることできないことを書くんだろうな、と思っていたら、今回は今までとパターンが違って、私、ちょっとついていけない、と…。

▶客観的に俯瞰できる立場からの貴重な感想・意見が出されている。

会議司会 ホワイトボードの板書係は、素材を次々と追っていくわけですよね。意図しない素材が出てきた、ということはなかった？

板書係 別に書きとめておくほどのことでも、っていう素材はあったけど。

会議司会 ということは、どこにどう配置するかの方が問題だったということ？

板書係 特にご本人の気持ちの部分、ご主人や娘さんとのあたりに、気持ちや役割を素材として入れこもうかなと思いながら、お手上げでした。

バイザー そこは大事なところでね、ICFの一番の限界は、主観的な世界、気持ちの部分を捉えきれない点だと言われます。ICFが悪いわけじゃなくて、1つの限界として知っておく方がいいかもしれません。

　エコマップも、時系列では捉えにくいっていう限界も言われます。そのときの関係性は描き出すけども、生活歴などの歴史や流れによって変わっていく関係性をエコマップ

3章 ケアマネジメント支援の実際（幹をつくる）

で表すのは、ちょっと限界がある。板書係さんが言われたとおり、気持ちの部分とか生活歴の中での思いの経過とかいうあたりは、マップとか図式にするのは一番難しいところだと思います。ところがこの事例では、そこがとても大事な部分だったために、ホワイトボードに書ききれない難しさがあって、それがバラけた感じに捉えられたのかもしれないですね。

質問の意図を振り返って考える②

▶質問の仕方や意図について振り返ることが、次の検討会に活かされることが考えられる。

D 私、「コーピング力について聞きたい」とかいきなり質問して、事例提供者にしたら、「いったい何？」って思いますよね。

Y 事例検討者さんに、何の意図でこういう質問をするのかを伝えないと、とまどう場面もありそう。

D スーパービジョンをやってるときに、ケアマネさんがわからないような言葉を使ったらいけないよね。

バイザー それは、参加者がある程度共通認識を持っている、勉強しているっていうことが大事だと思う。ICFはいろんな職種の共通言語と言われているけれど、活動や参加って言ったときに、皆がある程度わかってないと話にならないのと一緒で、コーピングとかソーシャルサポートとかマズローの欲求階層説も、やっぱりある程度の共通認識があってこそ、検討会が成立するんだと思います。事例に落とし込んだときにうまく通じないならば、意図を言ってあげた方がいいかもしれないですね。

D コーピング力と言わずに、ご本人さんの力を明らかにしたいので、くらいにしとけばよかった。

バイザー さっきみたいな言い方、例えば「喪失っていうのは大きいと思うから、それ乗り越えたのは」って先に言ってしまうと、仮説が思いこみに変わったりするかもしれないか

ら、仮説の前置きの部分はあまり言わない方がいいかもしれない。解釈の部分はね。

D 質問するとき、ちょっと事例提供者を誘導してしまうようなことがあったかな。生活歴のところですね。どう聞いたらよかったでしょうか。

バイザー いい質問なんですよ、どれもね。だから、聞き方の問題ではなくて、前置きの解釈をあまり入れない方がいいのではないかということです。

D この利用者さんの力を聞きたいので教えてください、くらいでいいのかしら。

バイザー そうそう。今までの大きな問題をどう乗り越えられてきたか、そういうことを知りたいので、とかね。大きな喪失体験があって、それを乗り越えたのはすごい、というようなことは言わずに。

振返司会 そこが、仮説を立ててから質問に変換していくときの、難しいところですね。

バイザー 難しいんですよ。ポーンと質問だけをしたらいいんですが、それがなかなか難しいかもしれません。わかりにくいかもしれないし、一方で解釈を入れたりすると、つい誘導に陥ったり思い込みに陥ったりするかもしれないから、その中間くらいの意図を伝えながら…。

皆 難しいー。

見立てと手立ての内容

K 1つひとつ、どれも大事ですね。ソーシャルサポートも、ICFの参加も。最後にそうだな、と思ったのは、Dさんが見立ての後に質問したリスク、今まではご本人の思いばっかりに寄り添っていたけど、リスクを捉えてなかったことが改めて出てきて。

D 実はあの質問、ちょっと迷ったんです。私、普通の検討

3章 ケアマネジメント支援の実際（幹をつくる）

▶会議での質問において、検討者も思案しながら問いかけをしていることを言語化している。

会では、事例提供者さんにこんなざっくりとした聞き方はしないと思う。「リスクってどんなことを見積もられてました？」「力って何だと思われてました？」って聞かれたら、とまどうじゃないですか。

でも、今回の事例提供者さんのやりとりを聞いていたら、素材が十分に頭の中に入っていらっしゃるので、後はそれを何かの軸で串刺しにするだけだと思ったんです。ざっくりとした質問でも、たぶん答えられるんじゃないかなと。だから「リスクは何ですか」って聞きました。ちょっととまどったでしょ、あのとき。顔が「えっ？」って感じだった。でも考えながら上手に答えてて、やっぱりできるんだなと思って聴かせてもらいました。

R 認知症があってもこういうことができるし。

K Eさんの「社交的な方だったんですね」という捉え方もすごい。

E たぶんこの人は、地域や周りから承認してほしいんだろうな、って。

バイザー Yさんもそのこと言われてますよね。で、Mさんもその後に、ご主人とか娘さんのこととか、不安の背景を言語化されてますよね。それぞれが大事なポイントを押さえつつ、事例を見立てている感じがしますね。

バイザー 手立てはね、やっぱりさすがだと思います。マズローの視点でMさんが目標を言われたでしょ。で、Yさんがそのあと続けて、周りのサポートでどういうニーズを充足するかっていう話があって、そのあとKさん、Dさんが役割っていうことでセルフケアや力の発揮。手立てを考えるときの大事なワン・ツー・スリーを、ちゃんと押さえているんですね。

また、それに対して最後、手立ての終わりのところで、事例提供者がちゃんとそのことを整理していますね。自分

を評価してほしいとか、娘さんのところへ行きたいっていう思いの自己実現と、周りの人のサポートへのエンパワメントも考えて、ちゃんと整理されていて、これはすごいと思います。

シーン4 会議全体を振り返る

事例提供者の思い

バイザー 事例提供者は、皆さんからいろいろエールを送られてどんな感じでした？

提供者 いろいろ悩んで気にかけていた事例だったので、他の人に話したら、「生活できてるし、食べれてるし、お風呂も入れてるし、何が問題なの？」って言われたんです。「この人、問題ないじゃない」って。だから、「もっと困難な事例を持ってるのに、何で私、ここで足が止まるのかな」っていうような感じで事例を出しました。でも、娘さんのこととか、ご主人が亡くなったこととか、隣の人の関係とか、ほんとに課題があることが見えてきて、私、これをここへ持ってきて良かったな、っていう思いでした。

▶提供者の「引っかかり」の大切さ、を自ら再確認できている。

K そんなに支援困難とは見えない事例なのに、自分がこんなに引っかかっていた理由が、ちょっと見えてきたということ？

提供者 そうですね。その話をすればするほど、Aさんが泣いてしまったりするので。でも「生活できているし、お金もある。何が問題なんだろう」っていうところでずっと引っかかりがあって、いろいろ話していても「私、もっと大変な事例を知ってるよ」って思っていたから。でも、こういうことに気づかないと、Aさんの不安は解消できないんだな、この事例を出して収穫があったなって感じました。

会議司会 本当の意味の自立支援っていうところですよね。安心安全ばっかり見ていてもダメだし、病気のリスクのところだけを押さえてもダメだし、それでもしっくりこないっていうのは、一見できているように見えても、自己実現っていうところができてないっていうのがあるのかも…。

振返司会 承認されることが、少なくなってきているのかな。

E そうだね。どの人もそうだけど、この人もね。

バイザー その辺は、広い意味の自立につながるところですね。皆さんがこれまで言ってきた承認とか、不安の深いところ、周りとの関係、そして笑顔とか。そういうことが、この方の自立につながるサポートなのでしょうね。

引っかかりを大切にする

バイザー もう1つ、事例提供者がすごいなって思ったのは、他で「うまくいってるじゃない。何を気にしているの」って言われたときに、それでも引っかかりがあるっておっしゃった。それはすごく大事なことで、ケアマネジャーとしてのセンスっていうかね。こういうケースを、何か気になる、見直したいと思われるのはとても大事なことだと。

▶基本姿勢を再確認する発言。

K そんなの気にすることないじゃない、って言ってしまったら、ずっとモヤモヤするけれど、一緒になって考えるのがすごく大切ですね。

N 何かその人のことが気になるっていうのは、やっぱり引っかかってるんでしょうね、きっと。

バイザー 僕は、対人援助にはそれがすごく大事だと思う。何か気になるなあとか、これならうまくいくんじゃないかっていう勘とか。ある程度、実践経験を積まれた方のそういう勘や直感はとても大事。それを言葉にしたり、整理したり、理論学習したり、事例検討やって言語化したりっていうのが、専門職には必要ですね。「よくわからないけど、勘で

やったらうまくいった」では、説明も共有もできないわけで。その何となくわかるとか、きっとこうじゃないか、というのを大事にしながらも、経験と勘だけではやっていけないのが難しいところですね。事例提供者の引っかかり、こうやって事例を出して検討して振り返った、そのセンスを大事にしてほしいと思います。

振り返り会の感想（抜粋）

検討者

- 10回事例検討会をするのであれば、その回数を半分にしてでも振り返り会をしっかり持つことで、すごく皆がレベルアップするんじゃないかと思いました。
- 事例提供者がブレずに的確に答えておられたのがすごく印象的でした。次の情報が入ると、それに惑わされてそちらへ流れてしまうものですが、事例提供者が丁寧にそこを返してくださっているのが、逐語録からわかりました。
- 前に比べて質問がうまく重なってきているなと思いました。流れが急に変わったりするところは前もあったけれど、今回は、急に流れが変わっても、また誰かがうまく中和しながら質問を重ねているので、これはやっぱり腕が上がっているということなのかもしれないなと思いました。
- 困っているケースは困っていることしか見えないので、質問されても、「よく転倒する」「ごはんが食べられていない」というようなところにしか目がいかないし、気持ちの部分にはなかなか考えがいかなくて。だから、事例提供者の『目に見えない不安』というところに、共感しながら聴いていました。
- 事例提供者のように、引っかかりというところで、感受性というか素晴らしい感性を持つケアマネジャーが一人でも増えるように、ケアマネジメント支援の仕組みを発展させ

ていきたいですし、そのためにもすごくお手本になるいい事例だったと感謝しています。

■ **事例提供者**

事例提供は3回目ですが、何を聞かれるのだろう、何を言われるのだろうと不安がありました。でも今回は、内容はともかく、情報を持っていて自分がしっかり答えられたことが、私の中で大きかったんです。

今日の振り返り会で改めて、答えやすいように質問してくださっていることがよくわかって、これは私がわかっているんじゃなく、うまく引き出すような質問でかかわってくださったんだなあと。皆さんがすごく勉強されているのを感じたし、事例について収穫を得た充実感があって、本当に大切な時間だったと思います。ありがとうございました。

■ **アドバイザー**

僕は、利用者さんも知らないし、この検討会にも参加していないので、かなり距離のある立場から一緒に振り返りをさせてもらいましたが、この2時間足らずのケアマネジメント支援会議の中で、本当に大事なところを、ちゃんと押さえて深められていると感じています。

それは、誰か一人が優れているわけではなく、事例提供者、検討者の皆さん、記録や板書係の方の力、いろんなことが全部合わさって、支援会議の中で成果が生み出されているのだと思います。また、それが直接、間接に利用者さんの福利や自立支援につながっていることを実感させてもらいました。

誰かに一方的に指示されてその通りやるよりも、自分なりに試行錯誤して、ああだろうか、こうなんだろうかと振り返る方が本当の力になる、回り道のように見えて、実はそれが一番、利用者さんに寄り添ったり支えたりするケアマネジャーの成長につながるのだろうと思いました。

※逐語録は、一部を要約・省略しています。

3-3 循環・連動するケアマネジメント支援

このように朝来市では、事業所内での個別ケアマネジメント支援を下支えする目的で、地域ぐるみのケアマネジメント支援の仕組みを作ってきました。このケアマネジメント支援会議は、年に1～2回の振り返り会をはさみながら、包括主催で年10回程度（包括ケアマネジメント支援会議）、各居宅主催で月1回程度（居宅ケアマネジメント支援会議）実施しています。

包括と居宅が連動して会議を開催

年10回開催される包括ケアマネジメント支援会議では、居宅主任ケアマネジャーは、❶アセスメント力（利用者と、利用者をとりまく状況への理解を深めて支援の方向性を考える力）❷部下や後輩へうまくかかわる力（スーパービジョンの実践力）❸カンファレンスを運営する力（仮説を立てて流れを作る力）を培います。

そして今度は、これらの力を使って、居宅主任ケアマネジャーが居宅ケアマネジメント支援会議を月1回開催し、事業所内にフォーマルなケアマネジメント支援の場を用意します。また、その運営を包括が定期的に巡回しサポートする体制をとっているのが特徴です（次ページ図3-13）。

居宅のケアマネジメント支援が最重要

3章の冒頭でも述べたように、朝来市では、日常的に行われる居宅内のケアマネジメント支援を最も重要視しています。

包括の主任ケアマネジャーも依頼があればかかわりますが、

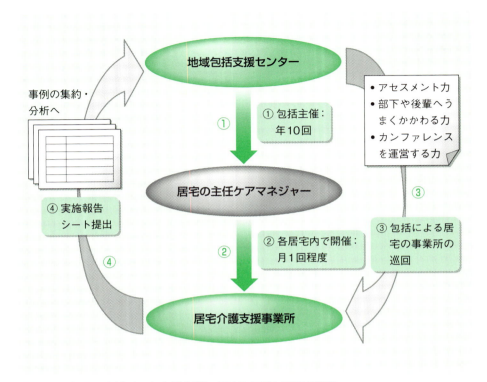

図3-13 ● ケアマネジメント支援会議における包括と居宅の連動

長期にわたって継続的に、一人ひとりのケアマネジャーの成長にかかわることはできません。

居宅内でのケアマネジメント支援が、一定のレベルで継続的に担保できることが、ケアマネジャーの人材育成には欠かせないと考えています。

そのためには、❶地域の主任ケアマネジャーとケアマネジャーの双方に、本来のケアマネジメント支援のあり方が理解・共有されること、そして、❷その土台となるスーパービジョンの基本姿勢が地域に浸透することが肝要です。

これらを下支えするために、朝来市では、ケアマネジメン

ト支援会議で市内全域の仕組みをつくり、スーパービジョンの基本姿勢が「地域全体の風土」として根づくよう工夫してきました。それらが、各事業所内で行われる日常的な個別のケアマネジメント支援の素地になると考えているからです。

個人の成長が地域の力に

このようにして育まれた個別のケアマネジメント支援は、グループで行うケアマネジメント支援会議にも影響を与えます。「事例の核心に近づくための質問力」や「うまく流れを作る技法」、そして「事例提供者の思考を大切にする基本姿勢」など、ケアマネジャー一人ひとりの変化と成長は、周囲への大きな刺激になります。地域の中で主任ケアマネジャーとケアマネジャーがつながっているからこそ、互いに影響を与え合いながら切磋琢磨していく効果が得られるのです。

このように、個別のケアマネジメント支援と、グループで行うケアマネジメント支援会議は、互いに連動し、相乗効果を生み出しながら、朝来市のよりよいケアマネジメント支援を育んでいるのです。

4章

良い支援を受けた援助者は、良い支援ができる
葉を育てる

4-1 ケアマネジメント支援の効果

3章で、朝来市のケアマネジメント支援会議と、後日実施した振り返り会の様子をご紹介しました。「時期尚早の助言やアドバイスはしない」「非難や批判はせず、情報が足りない部分は、質問に転換して事例提供者に投げかける」というルール（基本姿勢）を基盤として、ケアマネジャーの成長を支える視点を大事にした実践を、会議の場での実際のやりとりを通じて、感じ取っていただけたのではないかと思います。

そして、主任ケアマネジャーの学びの場として、気づきの事例検討会を重ねる一方、新人ケアマネジャー研修を企画し、地域で人を育てる取り組みを続けてきました。この章では、ケアマネジメント支援の効果について、実際に取り組んできたメンバーの声を中心にまとめています。

朝来市ケアマネジャー協会では、これらケアマネジメント支援のシステムづくりがどのような効果をもたらしているか、市内のケアマネジャーにアンケートを取り、その結果をいろいろな機会に発表してきました[*]。その内容からご紹介しましょう。

[*] 朝来市ケアマネジャー協会．新人ケアマネジャー研修の取り組みと効果〜身近な地域の"手づくり研修"から育む高め合いの関係〜．第12回近畿介護支援専門員研究大会奈良大会．2012.

ケアマネジャーの意欲がアップ

まず1つ目は、個別サポートによる効果です。利用者を多面的に捉えることで、さまざまなニーズが抽出できるようになったと、ケアマネジャーが実感している結果が出ました。

そして2つ目、主任ケアマネジャーから的確なアドバイスがもらえ、参考になっているという感想は、ケアマネジャーと主任ケアマネジャーの関係構築が進んだことの表れだと思

います。

　そしてもう1つ、私がとてもうれしく感じているのは、ケアマネジャーのモチベーションがアップしていることです。主任ケアマネジャーとの関係性の中で、知識や技術を身につけたい、もっと勉強したいし、事例のアドバイスをもらいたい、とケアマネジャーが感じていることがわかりました。

主任ケアマネジャーの役割が明確に

　その一方で、主任ケアマネジャー側の感じている効果は、立ち位置の確立です。定期的に居宅でケアマネジメント支援会議を実施することによって、実践力向上のための職場の風土ができ、その中で、自分の主任ケアマネジャーとしての役割が明確になってきたのです。主任ケアマネジャーとケアマネジャーの関係性の構築と、主任ケアマネジャーの役割や立ち位置の確立、ここが人材育成の重要なキーになってくると思います。

＊

　朝来市のケアマネジャーが、ケアマネジメント支援についてどのような思いを抱いているか、この機会に語ってもらいました。新人、ベテラン、立場や環境もさまざまですが、ケアマネジメント支援の取り組みを通じて、悩みながら一緒に歩んできた軌跡をお伝えできればと思います。

4章 良い支援を受けた援助者は、良い支援ができる（葉を育てる）

私を変えた ケアマネジメント支援の体験

●中尾照美（さかもと医院居宅介護支援事業所・主任ケアマネジャー）

● 一人で支援に悩んでいた頃

　新人主任ケアマネジャーの私。周りは勉強熱心なベテラン主任ケアマネジャーが多く、日々見習うことばかりです。

　振り返ると、6年前ケアマネジャーとして業務に就いた当時の私は、ケアマネジメントプロセスを1つひとつなぞり、テキストどおりのケアマネジメント業務をこなすことに必死になっていました。そして、ちょうど1年が過ぎた頃のことです。

　「ケアマネジャーって仕事は大変ですねぇ。担当した人から『当たり』とか『外れ』とか言われるんでしょ…」。

　暑い夏の昼下がりでしたが、私は「ぞっ」と寒気がしました。私の中の使命感と不安感がふつふつとせめぎ合うような、そんな瞬間でした。

　当時、事業所の事情で「一人ケアマネ」となった私は、自分が実践している支援が正しいのか、間違っているのか、誰からも評価してもらえず、どうすれば良かったかの答えもわからないまま、次々と利用者さんを担当していたのです。

　「こんなことでいいのだろうか…」。

　そんなとき、ある病院のMSWさんから「この間紹介した本の著者、渡部律子先生に会えるよ」と、半ば強引（笑）に勉強会に誘われました。ところが、勉強すればするほど自分を振り返ることが増え、心が痛み、自信が持てなくなっていきました。

● ケアマネジャーとしての転換点

　そして1年が過ぎた頃、支援困難といわれるケースの担当を引き継ぐことになりました。私にとっては重くのしかかるケースでしたが、そのとき包括の主任ケアマネジャーから受けた初めての

「ケアマネジメント支援」体験が、その後の私のモチベーションに大きな影響を与えることになったのです。

私は主任ケアマネジャーに、多くの問題を抱えたAさんに何の手立ても考えられない自分のふがいなさや、Aさんの成育歴を、必死で伝えました。

するとその主任ケアマネジャーは、私が行っている支援を1つひとつ丁寧に意味づけし、「あなたの、Aさんを理解しようとする面接で、Aさんは癒され、救われているよ」と承認してくれたのです。

そして、一人暮らしのAさんが背負っているものが明らかになったところで、エリクソンの「老年期の発達課題」について語ってくれました。こうした理論を学び、目の前のAさんと結びつけて考えることで、周囲から多問題ケースとして扱われていたAさんの「本当の姿」が、よりよく理解できることを目の当たりにしたのです。まさに目からウロコ、私のケアマネジャー観が劇的に変化した瞬間でした。

● スーパービジョンから得た気づき

また、その主任ケアマネジャーは私がおこしたアクションを否定せず、なぜそう動いたのかを聞いてくれました。私はその根拠を伝えながら、なぜかすっきりしていったのです。今思うと、統合の作業を手伝ってもらっていたのですね。このことも、Aさんの支援に良い影響を及ぼしたと思います。

面接について承認されたものの、そのころの私は自分の面接を振り返ることすらしておらず、前ばかり向いていたように思います。そんな私のニーズに気づいたのか、『気づきの事例検討会』での事例提供を勧められ、はじめて臨んだ検討会で、利用者が抱えている問題を解決できず苦しんでいること、自分の内面にある葛藤をさらけ出すことができました。このスーパービジョンを受けたことで、自分の傾向を知り、多くの気づきを得られ、「もっと学びたい」と思うようになったのです。

● 居宅がケアマネジメント支援の場に

　朝来市にはケアマネジメント支援会議をはじめ、さまざまな研修会の企画やグループスーパービジョン学習会など、学ぶ場がたくさんあります。先輩の主任ケアマネジャーたちに背中を押され、その渦（⁉）に次々巻き込まれながら気づくことがあります。「一人じゃないな」って。

　また、訪問から戻り、居宅の中で「何でこの人はこんなことを言うんだろう？」と話をすると、即座に事例検討会が始まり、「ストレスコーピング理論」や「認知理論」などを使った利用者理解の仮説立てがなされる日常があります。

　このような職場での「内部ケアマネジメント支援」は、もっと勉強しようと思う気持ちを高めてくれるとともに、「私」を振り返る場所でもあります。

　また、オン／オフの切り替えは絶妙に素晴らしく、美味しいものや洋服選び、研修や旅行、なかなか当たらない宝くじ、宴会のおもしろ企画など、共通の楽しい話題が満載です。そんな職場環境をも整えてくれている上司や主任ケアマネジャーたち、私の財産である人とのつながりに、あらためて敬意と感謝の意でいっぱいです。

　そして過去、現在と私が受けた「ケアマネジメント支援」が後輩たちに引き継がれ、未来へつながっていくよう、ますます学んでいきたいと思うのです。

私にとっての「学び」を振り返る

●**國眼尚美**（平生園居宅介護支援事業所・主任ケアマネジャー）

● 認められたいという思い

　私の頭の形は、髪の毛で隠れているが頭頂部から後頭部は直角に折れ、まさに絶壁です。原因は、勉強ができなかった娘に腹を立て続けた母の拳骨。おばちゃんになった今でも、私の絶壁は母が作り上げたものだと確信しています。

　「できる子」が好きだった母にとって、私は相当のストレス源だったことでしょう。そんな私でも、ごくたまにテストでいい点を取ることがありましたが、母は褒めてはくれませんでした。モチベーションがまったく上がらず、勉強に対してやる気が起こらない子供時代でした。

　母から評価されなかった私は、他人からの評価を求めたのか、子どもの頃から他者との関わりに大きな興味を持っていました。私のさりげない行動を、近所の人や友達の親は「ありがとう」「ええ子やなあ」「優しいなあ」「頑張っているなあ」と褒め、認めてくれたのです。勉強で褒められることは無くても、一生懸命したことは認められるんだ、気持ちがいいなあ、人の役に立つことが、こんなに自分のモチベーションを上げてくれるんだと、子どもながらに実感していました。

● 福祉を志し学んだ日々

　人から感謝や元気が出る言葉をもらい、自分も人の良いところをどんどん発見し、ためらわず言葉にしていくことで、前向きな気持ちになれます。これを繰り返し、成功体験を増やしていくうちに、私は福祉の仕事につきたいと思うようになったのだと思います。

　相変わらず勉強は嫌いだったものの、福祉という揺るぎない目標が見つかったことは大きく、成績も少しは上がってきました。

自分の将来像を描けることで、何かとても力強い気持ちが湧いてきて、母と話すことが苦手ではなくなっていったのです。

専門学校での2年間の勉強を経て、その関連施設に就職が決まったとき、母は「おめでとう」と言ってくれました。母の喜ぶ様子は、直前に教員採用が決まった姉への「おめでとう」とは大きな格差がありましたが、それでも私はうれしかったのです。なりたかった福祉職、成人福祉施設の生活指導員になることができ、意欲をもって福祉や障碍について勉強するべき時期でしたが、日々の業務に翻弄され、疲弊し、とてもじっくりと本を読んで勉強できる状況ではありませんでした。

● 福祉への情熱が再燃

そんな私も20代半ばで良縁に恵まれ、結婚・出産・子育てという、一般的な女性のライフサイクルをこなし、格闘の毎日を過ごすことになります。結局、私が「学び」に値する行動に出るまで、20年以上の時が過ぎていきました。

下の子も小学生になり、学童保育に預けられる年齢になってくると、福祉の仕事に戻りたいという情熱がメラメラと湧き上がってきました。そして、資格を取るための勉強を始めたのですが、意欲を持って…ということにはなりません。資格を取りたい。そのために勉強しなければならない。試験に合格し、その仕事に従事するためである。私の勉強はケアマネジャー受験で一応終了、自分ではそう思っていました。

ところが福祉の神様は、勉強嫌いの私に「もっと勉強せい」と果てしなくエールを送ってくるのです。

● 気づきの事例検討会の衝撃

本で勉強しただけの知識では、ケアマネジメントの実践は私にはとうていできません。そうした中、先輩ケアマネジャーから「気づきの事例検討会においで。一緒に学ぼう」とお誘いを受けました。

衝撃的でした。そこはまさに学びの場。主任ケアマネジャーも

障碍の仕事をしている人も介護職員も、対人援助職者として本物の実践力を身につけようと真剣でした。

　ケアマネジャーの仕事の土台になる、価値、知識、技術は私の力となりつつある（まだまだだ…）。自己覚知を行い、自分自身の感情を知ることを意識し業務を行うようになった（…何とか）。そして統合的アセスメントの大切さ。利用者のできること、できないことに着目するのではなく、利用者が自分で問題を解決できるように支援するためのアセスメント。問題解決に最良の方法を探すために利用者の力が欠かせないこと（理論では何となくわかっているが、言語化できない）。まだまだ学び続けていることは山のようにあり、それらを実践に生かさなくては意味がない（いつかはできるはず）。

　私のモチベーションは一気に上がりました。

● 先輩や仲間の支えが糧に

　気づきの事例検討会は、私にとって最高の学びの場となりました。そこには、仕事に疲れ、暗い顔をして学びの場に出かけると「元気か？」「頑張り過ぎだよ」と優しく声をかけてくれる先輩ケアマネジャーがいました。仕事に加え、学ぶことでさらに夜が遅くなり、家事も滞りがちでしたが、それでも家族の協力を得ながら、休むことなく検討会に出かけました。

　先輩ケアマネジャーに他県に勉強に連れていってもらったり、文章が書けず泣きながら徹夜をして、雑誌へ寄稿したり、勉強したことをプレゼンする機会が与えられ、寝ずに本を読み、生まれて初めてパワポを作成したり…。その裏にはいつでも、日々勉強し続けている優しい先輩ケアマネジャーたちや、同じ志を持つ仲間の支えがありました。

　以前の私から考えると想像もつかないような、まさに「勉強」の毎日。本当に勉強したい、もっと力をつけたい、利用者さんに最適な支援を行いたい、最新の福祉を知りたい、先輩ケアマネジャーのようになりたい、多くの事例を聞きたい、自分の糧にしたい。それが本当の勉強ではないかと、50代半ばになって気づい

たのです。

＊

　勉強は学生時代や若いときにするもの、という固定観念に囚われず、勉強する意味をもっと早く私がわかっていれば、母も喜んでくれたことでしょう。私がこの境地に至ったことを説明したら、母はどう言葉を返すでしょうか。今までのように「やっちもねー」（岡山弁で「しょーもない」の意）と話すでしょうか。でも、今なら言えます。「私が学びたいから勉強しているんだよ、お母ちゃん」と。

　勉強ができない私を叱り、モチベーションを下げることが得意（笑）な母の存在があったからこそ、私はモチベーションの大切さを知り、やりたいことが見つかったときにあふれ出る、力強い向学心を知ることができたのだと思います。反面教師だったけれど、そのおかげでたくさんの素晴らしい人とつながり、自分が成長することができました。

　今の私を見て、母はどう思うでしょうか。少しは褒めてくれるかな…。

ネガティブをポジティブに

●高品小百合（さかもと医院居宅介護支援事業所・主任ケアマネジャー）

● 悪いことはすべて自分のせい？

　いつも、メンバーがキラキラ（注：ギラギラではありません）している朝来市ケアマネジャー協会。でも、皆がまっすぐ前を向いて進んでいるわけではなく、意外と自己評価が低かったり、小さなことで悩んだり、落ち込んだりしています。

　かくいう私も、周囲からは「前向きでいつも元気だね。落ち込んだりしなそうだね」と言われますが、とんでもない！　落ち込むことは山ほどあります。前向きに見せかけてはいますが、内心

「私が悪い、私が悪い…」と呪文のようにつぶやいている、なかなか厄介なネガティブ人間です。

例えば、Aさんがサービス利用時にケガをして入院。Aさんの痛がる顔、家族の苦痛な表情、そして怒り。それを見て、「私がこのサービスを調整したからこうなったんだ」「もっと本人の気持ちを聞いていたら…」とか、「サービスのせいにはできない。それを選んだのも私。私の見る目がなかった」とか。さらには、悪運を引き寄せたのも自分だと、すべて自分発信で悪いことが起こっているように感じてしまうのです。

● **利用者の生活に責任を感じる**

そもそも、私にとってケアマネジメントとは、「利用者の暮らしが豊かになったり笑顔が増えたりするもの」であり、そうでなければケアマネジメントとはいえない、と考えていました。また、そういった利用者の暮らしについて、すべての責任はケアマネジャーにある、責任を負うことがケアマネジャーの役割だ、とも思っていました。

そのため、Aさんのように、アクシデントやうまくいかないことがあると、「すべて私のせい」と感じ、もちろん他のケアマネジャーもそう感じていると、最近まで思っていたのです。

ところがある日、自分のそのような思いを主任ケアマネジャーに伝えると、「いつもそう感じて自分を責めているの？」という問いが返ってきました。その時の主任ケアマネジャーの、驚いたような、困惑したような表情を見て、「あれ？　もしかしたら、こんな風に感じているのは自分だけなのかも」と、初めて気づいたのです。

4章 良い支援を受けた援助者は、良い支援ができる（葉を育てる）

● 私のモチベーションアップ法

　そんな私が、いつも誰にどんな風に支えられ、モチベーションを回復・維持・アップしているかを考えてみました。

- 機嫌の悪さも疲れた顔も、そのときのそのままの感情を受け止めてくれる**家族**
- 仕事と関係ないくだらない話でばか笑いし、お腹の中の悪い空気を吐き出させてくれる**友人**
- 悩んでいること、落ち込んでいることを一緒に考え、アドバイスをくれる**仲間**
- スーパービジョンで私の心の中を整理し、くすぐったいくらいの評価をくれる**先輩**
- 嫌なことを思い出せないくらい忙しい**仕事**が、ありがたいときも…。成功体験を思い出してモチベーションUP！
- どうがんばっても手の届かない人ではなく、手を伸ばせば届くかも⁉　くらいの**目標**

　そして、朝来市気づきの事例検討会の「5つのベル」にたとえると、

- **しゃベル**：とことん話をして思いを吐き出す、一人で抱えない、内に秘めない
- **食ベル**：おいしいものを食べてストレス解消（太った！と後悔して、さらに落ち込むことも…）
- **調ベル**：自分の知識が足りないなら、勉強するしかない。知識が自分を大きくしてくれる
- **比ベル**：いい意味でも悪い意味でも人と比べて、人と同じようにはできないことを認める（人は人。自分の能力、やり方、いいところ、悪いところを知ることも大切だと思う）
- **差し伸ベル**：自ら援助を求めることも必要。でも、朝来市ではどこからともなく、ケアマネジャーの支援の手が伸びてくる（それだけ、皆が皆を見守っている⁉　"なんとなくいつもと違う"のアンテナがすごい！）

職場での検討会（ケアマネジメント支援会議）で本音を語るのも1つ。気づきの事例検討会で思いっきり泣くのも1つ。職場とは違うスーパービジョンで、普段出せない自分の思いを吐き出すのも1つ。それから、時が過ぎるのをじっくりと待つ、時間が解決してくれる、ということもよくあります。

●いいとこ探しをしよう！

　ネガティブな私は、たくさんの人に支えられながら、今こうしてケアマネジャーという仕事を続けています。だから私も、話をじっくり聞く、わかっていることをくどくど言わない、秘密は守るなど、同じように返そうとしています。

　その中で一番心がけていることは、発想の転換（いいとこ探し）です。

　先ほどの、サービス利用時にケガをしたAさんは、入院して新たに病気が見つかりました。そのときAさんが「これが見つかったのも入院したからかもなー」と言ってくれたことで、救われた気がしました。あのケガさえなければ、という思いは今もありますが、悪い出来事も、考え方を変えると何か意味を持つのかもしれない、と気づかせてくれたAさんの言葉は、私の支えになっています。

＊

　自分がダメだと思っていることに対して、ほんの一部でもポジティブに言い換えてもらったり、自分が気づいていなかったところや、まあまあがんばっているところをさらに承認してもらえたりしたときの、心が解かれていく感覚。それは、「もしかしたらがんばれるかも。がんばらないと」と、気持ちを上向きにしてくれる私の活力源です。だから、周囲の人にも、少しでもいいところを伝えられたらと思っています。

垣根を越えた仲間は素晴らしい！

●小谷由紀（さかもと医院居宅介護支援事業所・主任ケアマネジャー）

　私のケアマネジャーとしての出発点は社会福祉協議会、2002（平成14）年でした。そして、やっとケアマネジメントの手順を覚え、後輩もできて頑張っていた2006（平成18）年、突然、小規模多機能型居宅介護施設への異動を命じられました。当初は施設を立ち上げ、何もわからないまま手探りで施設長・ケアマネジャー・看護師の3足のわらじを履いて奮闘。利用者の確保と運営など、施設長としての役割が9割を占める仕事でした。

　当然、ケアマネジャーの研修会に参加するたびに話についていけず、ひとり取り残されたような気がしていました。私自身は記憶にないのですが、その頃、私が発していた言葉は「私はただの"普通のおばちゃん"」だったそうです。

● ひたすら知識を求める日々

　居宅のケアマネとつながりを持ち、時代に取り残されないようにと必死だった私は、まず、但馬支部気づきの事例検討会推進委員に立候補。毎月の学習会に参加して「高齢者における相談面接」の本の内容をまとめてプレゼンをしたり、エリクソンの発達段階を学び合ったり、事例検討会を行ったりしました。

　そこでは、すでに学んでいた人たちのすごさにびっくり、話していることがチンプンカンプンで気後れするばかり。これではダメだと次に、兵庫県介護支援専門員協会主催の指導者養成研修の2期生として3年間学びました。市がスーパーバイザー養成研修を開始すると聞けば、手を挙げて参加したりもしました。

　こうして、知識は次第に増えていきましたが、本当にただ知識だけ。知識を実践に活かすことはできなかったのです。

● 念願の居宅ケアマネに復帰

「居宅のケアマネがしたい。年齢的に今始めるしかない」と考え、思い切って現在勤務している居宅介護支援事業所に転職しました。念願かなって居宅でケアマネの仕事を再開したものの、当初は浦島太郎状態。制度の変化、事業所とのやりとり、書類作成など、以前と違っていてわからないことだらけで、四苦八苦する毎日でした。

焦りもありましたが、「私は古い新人です」と居直り、わからないことは聞き、参加しなかったケアマネジメント支援会議にも必ず参加するようになりました。そのときに、ケアマネジメントの根拠を言語化することの大切さ、理論を学ぶことの大切さを改めて学べたと思います。

最近は、ケアマネジメント支援会議において、気づきの事例検討会で学び実践してきた、「事例の問題点に事例提出者が自分で気づくように、再アセスメントを通じ、サポーティブな質問力、司会者としての要約力、全体をみる力」を活かして会議に臨んでいる自分がいます。プレゼンの学習で、人に伝えることの難しさを学び、「どう伝えたか」より「どう伝わったか」を考えている自分がいるのです。

● 仲間がいるから走れる

私は新しいことにすぐ飛びつきたがる性格。どんどん新しいことに挑戦しますが、すぐにあきらめたり、やめたりすることも多い中で、ケアマネジャーとしての勉強はなぜか続いています。

走り始めるきっかけは、足立氏みたいになりたい、人を納得させることができる力、人を巻き込む力を身につけたいとの思いからでした。しかし、ふと気がつくと、側には一緒に走っている仲間が、導いてくれる講師が、まとめてくれるリーダーがいました。「事業所の垣根を超えた仲間」こそ、私が走り続けられている原動力。決して私ひとりでは達成できないものです。

だからこそ、朝来市の後輩のケアマネジャーたちにも、共に走る仲間を作り、自分たちの原動力にしてほしいと思い、主任介護

4章 良い支援を受けた援助者は、良い支援ができる（葉を育てる）

　支援専門員委員会の委員長である私が発起人となり、朝来市新人ケアマネジャー研修を企画しました。ケアマネジメントのプロセスにそったシリーズの研修企画であり、講師は私たち市内の主任ケアマネジャーがチームで担当し、1回の研修を実施するために、夜に4～5回は集まり、本を読み、レジュメを作り、演習を考えました。主任ケアマネジャーは、昼間の仕事だけでも多忙を極める状況ですが、文句をいう人もなく、皆、積極的に協力してくれました。

　この研修を通じて、新人ケアマネジャー同士がつながり、主任ケアマネジャーと新人ケアマネジャーとの間に相談しやすい関係性が生まれています。私たちが伝えたかったものは、こんな風に、朝来市のケアマネジメントの風土として、脈々と続いていくのだと思います。

＊

　思えば私自身、いつのまにか「普通のおばちゃん」ではなく、人を納得させ巻き込んでいく力、いや巻き込まれながら人を連れ込んでいく力（？）を授かったのかもしれません。

　学んだことはすぐには自分の身につきません。実践をしていく中で知識が知恵に代わり、自分の血となり肉となるのです。そして何よりも、達成するためには共に学び行動する仲間が不可欠だと実感している今日この頃です。

「学び」と「挑戦」が朝来市のスタイル

●三多久実子（さかもと医院居宅介護支援事業所・主任ケアマネジャー）

　事業所の開所に合わせて朝来市に来て、はや10年目を迎えようとしています。

　当初の朝来市は今のように賑やかでなく（地域包括ケアシステムの会議体としてのケアマネジメント支援会議も生み出されていなかった頃）、ある意味、平穏な（？）毎日だったように思います。

● 仲間とともに学びに学ぶ

　朝来市に来てからの勉学は驚異的でした。主任ケアマネジャーを修得して以来、兵庫県主催の指導者養成研修3期生として3年間「学び」、社会福祉士の国家試験に合格するために「学び」、その間にも朝来市主催のスーパーバイザー養成事業で「学び」、右を見ても左をみてもほぼ同じメンバーで、ただひたすら「学び」の繰り返し。

　何とか頑張れたのは、ひとえに仲間がいたおかげです。事業所は違っても、皆で朝来市を支えようという気持ちが大きな目標になり、1つの輪になったのかなと感じます。

　今思うと8年程前の私は、主任ケアマネジャーとしてはまだまだで、支援者支援というバクッとした目標はあったものの、そこには至っていませんでした。勉強はしているけれど、何に役立っているかわからない。ICFとマズローの5つの基本欲求は学んだけれど、どんな風に扱うのか理解できていない。見てくればかり私でした。

　見てくればかりの事例検討会に参加しても、課題や支援方法を頭の中で統合することがなかなかできない、根拠として伝えることなど程遠い、中身の薄い主任ケアマネジャーでした。

● 人に伝えることで深まる理解

　2014（平成26）年4月、理論を実践に活用しているということで、朝来市の取り組みについて取材を受ける事となり、主任ケアマネジャーとして東京まで行き、初めての経験をしました。もちろん、行く前にメンバーで事前勉強をしましたが、自分たちが行っていることの意味あいを、改めて学んだように思います。その後も、「自立支援に資するケアマネジメントの視点」というお題でいろんな地域に出向き、講演をさせていただくチャンスをもらいました。

　そうした大きなプレッシャーを、「挑戦」ととらえるのか、はたまた「脅威」ととらえるのか。まさしく私たちの場合、「挑戦」

しかない、という勢いでした。そして、そのときに学んだ内容は、人に伝えることでさらなる学びを呼び、すんなりと頭の中に入ってきたように思います。

それまでは見かけ倒し、吹けば飛ぶよな（身体は飛ばないけど）私でしたが、学ぶことの意義や必要性を理解することで、なんと地に足が着いてきたのです。神が降りてきたごとく、検討会や研修などで聞く内容も「こういうことか」と、なんとか理解できるようになりました。

●「やらない」という選択肢はない

全国から視察に来られたり、あちこちに行って講演をしたり、それにはしんどさもありましたが、ご当地に行かせてもらう事でのおまけのような観光（もちろん研修がメインです）やショッピング（何を着て行こうかと事前に皆で買い物も…）を楽しみ、いつでもポジティブに考えて、「行かない」「しない」という選択肢などない私たちでした。

何で断らないのかと考えると、もちろん、知らない土地に行くことは魅力的ですが、それだけではないですよね。やはり、朝来市で今、行われているケアマネジメント支援、「根拠」を持って支援をすることの大切さを、多くの人に知ってもらいたいという思いがあります。決して自慢ではなく、根拠をもったケアマネジメント支援は、次世代に向かって、有効なケアマネジメントの実践力の向上に繋がっていると確信しているからです。

＊

集まると皆、口々に「もう、来年は何もしない」と言いますが、相変わらず忙しい日々を送っています。執筆、研究発表の準備、スーパーバイザーになるべく、グループ学習のための猛勉強、兵庫県や朝来市での講師、そして、朝来市ケアマネジャー協会の研修準備など、年々忙しくなっているようにも思えます。

事業所の垣根を越え、「先輩の背中を見て、後輩も続く」。私たちが学びやチャレンジをやめない理由は、そこにあるのかもしれません。止まらない、止められない、どこまで行くかはわからな

いけれど、皆で頑張ることに意義があると思います。
　皆で、前進あるのみ。それが私たちのスタイル。それが、今の「朝来市」。

包括の主任ケアマネジャーになって見えてきたこと

●福田恵子（生野地域包括支援センター・主任ケアマネジャー）

　朝来市には地域包括支援センターが2箇所あります。1つは行政直営の朝来市地域包括支援センター（以下、本庁包括）、もう1つは、特別養護老人ホームいくの喜楽苑に委託された生野地域包括支援センター（以下、生野包括）です。

● 突然、包括へ異動に

　生野町は人口約3,800人、高齢化率38％（2016年現在）の小さな町で、本庁包括から一番遠いエリアです。ここで、私は居宅のケアマネジャーとして6年間勤務し、やっと実務に慣れてきた頃、前任者の急な退職により、生野包括の主任ケアマネジャーとなりました。突然のことでもあり、前任者が何をしていたのかよくわからないまま、実務がスタートしました。
　本庁包括の主任ケアマネジャーの方々に、丸1日かけて、包括が果たす役割と仕事内容について、ひと通り講義をしてもらったものの、「それで、私はどうしたらいいの？」というのが正直な気持ちでした。そして、頭では何となく理解できても、実際にすべ

き仕事と講義で聞いた内容が結びつかず、「わからない」の壁にぶち当たっては、業務マニュアルを何度も見返し、ネットで調べて意味を理解しながら、何とか仕事を進めているような状況でした。

居宅の主任ケアマネジャー時代は、事業所内だけの会議や研修が中心で、市内の研修に参加することはあまりなく、私自身、個別ケースに対して、地域に目を向けることを最も苦手としていました。「そんなに連携しなくても、サービスで何とかなるでしょう」という思いが強かったし、実際、市内の関係機関や地域とのつながりをそんなに作らなくても、業務が滞ることはなかったのです。

● 地域を駆け回る日々の中で

生野包括に異動し、私の毎日は激変しました。

「虐待だ」と聞けば飛んでいき、「ケアマネジメント支援だ」と言われれば他の居宅に出向く。処遇困難ケースがあれば地域ケア会議を企てて、窓口で介護保険の申請を受理した1時間後には、公民館で「健康づくり」の話をしている。いきいき百歳体操では体力測定をし、本庁包括から頼まれれば個別課題のデータ分析をしてグラフを作り、地域課題を可視化する。さらに、医療と介護の連携では、薬局の一覧表を作成して連携の土台を作ったりもする。介護予防ケアマネジメントを20件以上も担当しながら、それはもう、さまざまなことが要求される現場でした。

そんな風に1年が経った頃、めまぐるしく過ぎていく日々の中、ふと立ち止まり自分の周囲を見回すと、居宅で働いていたときとは、ずいぶん違う景色が見えるようになっていました。居宅ケアマネジャーの皆さんの頑張りや、悩みが気になるようになり、公民館では、地域で暮らす人と、人を支えるつながりの大切さに注目するようになっていたのです。

そしてその頃から、主任ケアマネジャー2年目の私が、包括の主任ケアマネジャーとしてやっていくためには、自身を高めていかなければならないとプレッシャーを感じ、研修会への参加や自己学習の機会を作るようになりました。

私自身の頑張りが少しは認められたのか、各居宅の主任ケアマ

ネジャーからも、気軽に声をかけていただき、徐々にコミュニケーションがとれるようになってきたと感じています。そのような横のつながりも重要なのだと思いました。

● 地域や人とのつながりを大切に

　最近では、介護保険の新規申請で包括に来た人と話すと、まず、「家族や地域でできることはないのか」と考えるようになり、自然とそれぞれの地域に興味が湧き、その特性を知りたいと思うようになりました。

　そこで、長年地域を回っている保健師から話を聞いたり、民生委員や住民から情報を得たりしながら、自分なりに地域を理解しようと心がけました。そんな私に、地域住民は気さくに声をかけてくれ、保健師は、私と地域住民をつなぐ役割を果たしてくれます。「そんなに連携しなくても、サービスで何とかなる」と考えていたころとは大違いです。

　居宅から包括に異動し、苦労もありましたが、私はさまざまなことを学べたと思っています。人がお互いにつながり、助け合う気質の中で町の風土が育まれてきたこと。一人であれもこれもやるのではなく、地域の人と一緒に考えることで、困難な問題が解決に向かって動きだすこと、などです。

　私たちケアマネジャーは、本人・家族の状況にばかり目を向けてしまい、地域に住んでいる一住民という当たり前のことを見落として、支援しているのではないかと思うことがあります。ケアマネジャーだけでなく、地域の住民や、いろいろな職種の方から話を聞きながら、その人にとって何が一番大切なのかを見極められる力をつけていきたいと思います。

＊

　包括の仕事は多岐に渡り、大変な思いもありますが、いろいろな角度から地域を見て考える機会をもらい、とても恵まれた環境でもあります。そのことに感謝し、幅広い仕事を通して、毎日新しい発見をしようという気持ちで、これからも自身の視野を広げていきたいと思います。

4章 良い支援を受けた援助者は、良い支援ができる（葉を育てる）

生まれ育った地域ならではの悩み

●北川慎一（いくの喜楽苑居宅介護支援事業所・主任ケアマネジャー）

　私の住む地域は、ほぼ私の職場（ワークエリア）です。かなりの田舎で、人口は減少の一途をたどり、今年（2016年）はとうとう3,800人になりました。しかし、かつては鉱山で栄えた「銀山町」。いたるところに名残が見え隠れする、歴史的にも文化的にもすばらしい地域です。

　人と人とのつながりが希薄になったといわれる近年においても、「向こう三軒両隣」や「遠くの親類より近所の他人」といった人のつながりがしっかりと残り、そういった意味でも自慢できる地域です。

● 地元ならではの難しさに直面

　子どもの頃から、地域での活動は比較的多く、自治会の集まりや子供会の活動も活発でした。老若男女が集い、春には花見、夏になれば夜店、秋は神輿、そんな子ども時代を過ごしてきましたが、今は、子どもの頃に世話になった「おっちゃん」「おばちゃん」が、「ケアマネジャーとしての私」の「対象者」となることも少なくありません。

　その人に「ケアマネジャーとしてかかわるのか」「近所の僕としてかかわるのか」の立ち位置を決めることは難しいのですが、年齢を重ねた福祉の対象者である前に、ご本人が地域で輝いていたときの姿が浮かんできます。そして、その輝いていた時代が見えれば見えるほど、「支援する」ことの難しさを痛感することも増えてきました。

　私がもがいていることを周囲も感じていたのか、市内のケアマネジャーが集う勉強会に誘われ、学びの機会を得ています。これもまた、ケアマネジャーとしての私を支えてくれる、大切なつながりであり財産となっています。仲間とともに、学び、繰り返し

語り合うことで、私自身の考え方も変化してきました。

● 福祉＝施設というこだわりを離れて

当時、私は福祉施設にいたこともあってか、「福祉＝施設」という図式が頭にありました。福祉の担い手は施設職員であり、「世話は任せとき！」と。施設職員だからできる介護、地域に存在する施設の価値など、常に「施設ありき」で介護を考え、語っていたのです。

しかし、時代の流れと共に、施設でも「個別ケア」や「ユニットケア」が主流となり、ユニットケアの普及により、「生活の場」としてのハード面の改革が進んでいきました。

私も現場職員として、対象者の人となりをしっかり考え、捉えられるようになっていきました。介護が必要になったとき、さまざまな事情から住み慣れた自宅や地域を離れ、家族や友人と離れて施設で生活する人を支援していく中で、施設に入居するまでの人生に着目する視点を培うことができてきたと思います。しかし、真の「個」を支援するソフト面には難しさを感じていました。

今、ケアマネジャーという立場でかかわるにつれ、地域とのつながりの重要性をひしひし感じるとともに、同じ地域で生活してきた者として、互いのスタンスに右往左往する場面もあります。しかし、地域に育てられてきた私だからこそ、この地元のつながりの中でケアマネジャー業ができているのです。

＊

これからも、誇り高き自身の地元で、しっかりとケアマネジメ

ントを実践していきたいと思います。そして、その先には、私もいずれ「おっちゃん」「おばちゃん」のようにこの町で年を重ね、健やかな老いを迎えたいと思っています。

私、朝来市のケアマネジャーです

●中治八重子（いくの喜楽苑居宅介護支援事業所・主任ケアマネジャー）

私は、朝来郡で生まれ、朝来市（2005年に郡から市になりました）で生活してウン十年になります。結婚や転職といった節目はあったので、市内から離れることもできましたが、こだわったわけではなく、市内にとどまり続けています。

● 管理栄養士からケアマネジャーへ

ケアマネジャーの仕事をして、かれこれ13年。老体に鞭打って頑張っている私を、「ケアマネの化石」と呼ぶ人も…。もちろん、賞賛の言葉だとポジティブに捉えています。

私のケアマネジャーとしての歩みは、決して平坦なものではありません。何せ元職は、通称「カロリー屋」と呼ばれていた（？）管理栄養士だったのです。栄養ケアマネジメントを推進したくてケアマネジャーの資格を取得した私が、在宅のケアマネジメントをする本当の居宅のケアマネジャーになるとは、思っても見ませんでした。転機でした。

● 気づきの事例検討会で実践力を養う

対人援助のプロになるため、ケアマネジメントの知識・価値・倫理の基礎を一生懸命に学びました。そして、書物で学習するだけでなく、対人援助職として一歩先を歩いている仕事の先輩の背中を追いかけました。といっても、ケアマネジャーという職種ができて間もない頃だったので、対人援助職の技術については、まずは真似て、自分の実践に活かす工夫をしてきたように思います。

未熟でした。

　自分の知識の不足に嘆くこともありましたが、知識不足は学ぶための意欲にもつながり、ケアマネジメントリーダー研修や指導者養成講座研修、社会福祉士の資格習得など、研鑽を重ねました。そのような学びの中でも、「気づきの事例検討会」は、私のケアマネジャーとしての実践力を向上させてくれた学びの1つです。事例を通してのサポーティブな支援者支援のあり方は、私の思考にぴったりでした。「気づきの事例検討会」は、私に行動変容をもたらしました。

● チームで共に学ぶ

　2015（平成27）年9月、「朝来市発　地域ケア会議研修会」が開催され、全国各地から、ケアマネジメント支援の取り組みに興味や共感を抱いた方々が、なんと500名近く朝来市に結集しました。そのときに報告された、朝来市のケアマネジメント支援会議の事業所内・事業所外での実践も、自らのケアマネジメント力向上に、無くてはならないものです。その実践の中で、理論を通して根拠を持って実践していくことを学び、この仕事は価値ある仕事だと感じたのです。

　それからも、実践発表やグループスーパービジョン（あさご☆GSV）研修、冊子の執筆など、朝来市ケアマネジャーのチームで共に学ぶ多くの機会を得てきました。今も仲間たちは、「共感」「協働」「研鑽」しながら目覚ましい躍進を続けています。

＊

　研修などに参加し、「朝来市のケアマネジャーです」と自己紹介すると、なぜか好意的な眼差しを感じます。すごい実践家に出会ったような視線です。そのたびに、いつも思います。その視線に恥じることがないよう、謙虚で奢らない自身でありたいと。朝来市で「ケアマネジャー」という「仕事」に出会えて、幸せだったと感じています。

　そして、試行錯誤しながら共に歩んできた「仲間」に、心から感謝したいと思います。

4章 良い支援を受けた援助者は、良い支援ができる（葉を育てる）

朝来市ケアマネジメント支援システムの仕掛け人・
2人の包括主任ケアマネジャー①
里江さんと私
● 夜久美由紀（朝来市地域包括支援センター・主任ケアマネジャー）

　里江さん（著者・足立里江氏）の横にいて感じるのは、いろいろな「つながり」を作るのが上手だな、ということです。

● まずは、人と仕事のつながりです。

　印象的なのは、仕事を通じて、私の否定的な考え方に辛抱づよくかかわってもらったことです。「じっくり考えているんだ」「よく本を読んでいるね」「今日のこの言葉がよかったよ」「よくわかった」「助けられた」などなど、受け入れてもらった気がして、「これでいいんだ」と、心地よく感じられる自分になれました。

　また、「痛みが伴わないと成長できない」と、振り返りの機会をもらい、「あのときの言葉はどんな意味があった？」と問いかけられたこともありました。私だけではなく、多くの人が影響を受けていると感じています。

● そして、人と人とのつながりです。

　里江さんの掛け声で2007（平成19）年度から始めた、朝来市気づきの事例検討会。最初は数人の有志でしたが、今は30人以上の仲間とつながり、基礎学習と事例検討会をコツコツと続けています。

　その中では、温かい言葉のやり取りがたくさんありました。包括や居宅という事業所の壁を越え、「がんばってるね」「すごいやん」「できたね！」など、肯定的な言葉の交流があり、みんなもりもり勉強し、どんどん成長していきました。そして私は、自分が里江さんからかかわってもらったように、周囲の仲間にかかわるようになりました。

　この気づきの事例検討会は、市内ケアマネジャーと私たち包括をつなぐ架け橋になりました。一人では続けられないことも、仲

間と一緒ならできるという絆や自信が生まれました。

● **最後に、言葉のつながりです。**

　人とつながり、人と人をつなぐために、里江さんは言葉を大切に使います。よりわかりやすい内容にするために、主語や述語はもちろんですが、特に接続詞を大切に使います。「それでは」「次に」「さらに」「その一方で」など、私自身もすごく意識できるようになりました。

　「仕事」「人」「言葉」。私は里江さんから多くのこととつながる機会をもらった気がします。多くの人が今の朝来市につながり、そこから次へのステップとして、さまざまな人へ波紋が広がっています。

　最近、里江さんは、本も執筆してとても有名になってしまいました。そして、「私が市内の新人ケアマネジャーさんを誘うと怖がられるから、美由紀さんから研修会に誘ってあげてくれる？」と言います。

　私自身は、里江さんの「つなぎ方」や「問いかけ」とは違う方法しかできないけれど、里江さんから受けたやり方を、この朝来市の中で丁寧に実践していきたいと思っています。

＊

　そして、里江さんのこと。忙しすぎて身体を壊さないかといつも心配しています。

　たまにはお休みをとってね…。

4章 良い支援を受けた援助者は、良い支援ができる（葉を育てる）

朝来市ケアマネジメント支援システムの仕掛け人・
2人の包括主任ケアマネジャー②

彼女と私

●足立里江（朝来市地域包括支援センター・主任ケアマネジャー）

　2006（平成18）年度の開設当初、行政直営の朝来市地域包括支援センターには3人の主任ケアマネジャーが配属されました。そして、2011（平成23）年に1人が退職してからは、夜久美由紀氏と私は二人三脚で、朝来市の仕組みづくりに取り組んできました。

　私たちは、年齢も経験も同じくらいなのに性格は真反対。「今」あるものを大切に守ろうとする彼女と、「未来」を発展的に創造しようとする私。彼女はいつも私に合わせ、「無理しないでよ」と言いながら、私の提案を受け入れてくれます。

　ケアマネジャーの研修会や連絡会、総合相談の仕組みづくりから医療と介護の連携づくり、そしてケアマネジメント支援の仕組みづくり。介護予防ケアマネジメントをそれぞれ30～50件も担当しながら、よくやってきたと思います。

● 上司に隠れて続けた研修

　しかし、最初からうまくいっていたわけではありません。

　多くの地域包括支援センターで、包括的・継続的ケアマネジメント業務における「ケアマネジメント支援」が、組織の中で理解されにくい実態がありますが、朝来市も例外ではありません。

　上司から「もう、ケアマネジャーの支援はしなくてもいい」と言われたこともありました。「専門職だから自分で勉強してもらったらいいでしょう」と。当時は虐待対応や公民館での健康づくり教室は「良し」とされますが、ケアマネジメント支援は「不必要」のように思われていたのです。

　会議室で研修をしていると、「また研修か！」と怒鳴られることもありました。ケアマネジャーが専門職として、勉強することの意味を理解してもらうのは困難でした。

　彼女は私に言いました「里江ちゃん、ここで研修するのはやめ

よ」。彼女と私は、外に会議室を借り、上司に内緒で土日に研修するようになりました。

上司から禁止されているのに、なぜケアマネジメント支援をやめなかったのか――。

彼女と私の中には、「利用者さんによい支援をしたい」という思いと、「ケアマネジャーさんたちに元気でいて欲しい」という2つの共通する思いがあったのです。彼女に支えられながら、ささやかに、こっそり、しかし確実にケアマネジャーの実践力を育んでいった時期でした。

● 彼女がいてこそ、今の私がある

そして今、朝来市でもケアマネジメント支援が認められ、私たちは陽のあたる場所で、上司にも応援してもらいながら仕事ができるようになりました。それどころか、全国で研修講師を務め、執筆活動までするようになっています。

そんな私の身体を彼女はいつも気遣い、一番心配してくれています。未来に向かって突っ走ってしまう私を止めるのではなく、突っ走る私と皆の立ち位置が開きすぎてしまわないよう、絶妙な関係調整をしてくれているのです。

朝来市包括といえば、スポットライトが当たるのはいつも私だけれど、彼女の存在なしに、今の私はありえません。もっと皆に、彼女の実力の高さや、援助者としての才覚を知ってほしいと思うのですが、彼女は決して目立つことをせず、私が遠くに行っている間も、しっかりと朝来市を守ってくれています。そして、一人ひとりのケアマネジャーの相談にのり、丁寧に声をかけています。

私も朝来市の皆も、そんな彼女が大好き。彼女のような人が「本物の実践者」なのだろうと思います。

4-2 ケアマネジメント支援に必要なもの

前節で、朝来市のケアマネジャーの体験談と、ケアマネジメント支援に対する思いをご紹介しました。いかがでしたでしょうか。

ケアマネジャーには、人と人をつなぎ、そのネットワークにエネルギーを注入する力と役割があります。ケアマネジャーが元気でいきいきと活動する町は、サービス提供スタッフにも活気があり、その先の利用者や家族、そして地域へとそれが広がっていきます。では、どうすればケアマネジャーをエンパワメント（力づけ）し、ケアマネジメントの質の向上に寄与することができるのでしょうか。

ケアマネジメント支援システムの成熟過程

朝来市では、10年にわたる「ケアマネジメント支援」の仕組みづくりのプロセスから、必要とされる要素の抽出を試みました。これらは、文化や風土の違い、人口規模の違い等を超えて、ケアマネジメントを支援するために必ず必要となる「要素」と、その要素を組み合わせていく「手順」です。この節では、この「ケアマネジメント支援システムの成熟過程」（図4-1）について、まとめとしてお伝えします[*]。

[*] 足立里江．地域ぐるみのケアマネジメント支援．医療と介護 Next vol.3 No.1．2017．

第1期 主任ケアマネジャーが共に学びあう

「ケアマネジメント支援ができる人」を育て広げるためには、何をおいても、主任ケアマネジャーが自己研鑽を積み、「共に」学び合うことが肝要です。この「共に」というのが大切で、この段階で、将来のあらゆる困難を解決していけるよう主任

4-2 ケアマネジメント支援に必要なもの

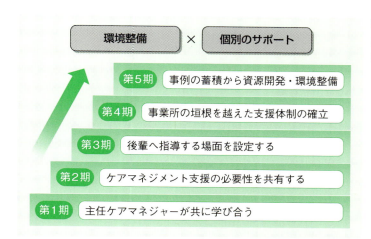

図4-1● ケアマネジメント支援システムの成熟過程

ケアマネ同士のネットワークを作っておくことが重要になります。

朝来市では、気づきの事例検討会が、このステップを作る良いきっかけとなりました。お互いの力を発見し、それを言語化して承認できること、意見が言いたくなったら質問に転換して、相手の思考のプロセスを大切にすること。特に、主任ケアマネジャーが、基礎知識だけでなく、そういったスーパービジョンの基本姿勢を身につけたことが、一人ひとりのケアマネジャーに対する「個別のサポート」や、後々のケアマネジメント支援システムを支える礎となりました。

第2期 ケアマネジメント支援の必要性を共有する

第1期でスーパービジョンの基本姿勢を身につけ、居宅や地域でケアマネジメントの指導に踏み出そうとしたとき、第2期の壁にぶつかります。それは、部下や後輩から「主任ケアマネが自分に代わって問題を解決してくれる」と期待されたり、「居宅の主任ケアマネがいるのに、包括の主任ケアマネに相談するのは気が引ける」と言われたりすることです。

つまり、対人援助者の独り立ちを支援しようとする主任ケアマネジャーの役割や、居宅と包括が担うケアマネジメント支援の役割の違いが、部下や後輩たちには理解されにくいという課題が見えてくるのです。

この段階では、ケアマネジメント支援の必要性を共有する研修会等の開催により、「部下や後輩が主任ケアマネに相談しやすい環境を整えること」「主任ケアマネに相談してもよいという価値観を提供していくこと」が大切です。

第3期 後輩へ指導する場面を設定する

次はいよいよ、後輩に指導する場面を意図的に設定する段階となります。つまり、主任ケアマネジャーが、フォーマルな場面でその役割を果たし、周囲から「主任ケアマネジャー」として見られる場面を作ることです。

朝来市の場合は、市内研修会等において、主任ケアマネジャーがファシリテーターとなり、後輩たちを指導する機会を設けました。そこでは、受講者から主任ケアマネジャーとして見られ、ニーズを根拠に結びつけて言語化したり、受講者からの質問に応じたりします。うまく答えられないこともありますが、その経験によって、自ら学習する必要性を改めて実感し、再び第1期に戻って学習する意欲が湧きます。まさに、役割が人を育てる場面なのです。

第4期 事業所の垣根を越えた支援体制の確立

この頃になると、「朝来市のケアマネジャーの立てるケアプランの内容が充実してきた」という外部からの評価を受けるようになっていました。しかし、主任ケアマネジャーがいない小規模な事業所でのケアマネジメント支援が、なかなかできないという課題もありました。

そこで、「事業所の垣根を越えた支援体制」を確立する目

4-2 ケアマネジメント支援に必要なもの

的で、主任ケアマネジャーがチームで講師を務め、地域の新人ケアマネジャー研修をスタートしました。

受講者のアンケートでは、「他事業所の主任ケアマネの意見が聞けて良かった」という回答が最も多く、職場の上司以外の主任ケアマネジャーからも、学びを得ることの重要性が見えてきました。上司の主任ケアマネジャーが言葉を尽くしても伝わらなかったことが、別の居宅の主任ケアマネジャーの発した何気ないひと言で、ストンと腑に落ちるエピソードは多くあります。

私たち主任ケアマネジャーは、自分の職場だけで部下や後輩を育てようとするのではなく、仲間とともに、地域全体で次世代の人材育成をすることが大切です。そのためには、第1期で、どれだけ主任ケアマネ同志の信頼関係が育まれてきたかが、肝になるのです。

＊

これら第1〜4期は、朝来市が約8年（2006〜2013年頃まで）かけて歩んできたプロセスです。この歩みを経てやっと、第5期の「事例の蓄積から資源開発・環境整備」に入っていきます。この段階については、最終章となる第5章で紹介します。

4章 良い支援を受けた援助者は、良い支援ができる（葉を育てる）

「限界性」を自覚し、「可能性」を見据える

● 谷　義幸（兵庫県介護支援専門員協会　気づきの事例検討会推進運営委員会）

　私は、前項で紹介された朝来市のシステム成熟の過程で、「気づきの事例検討会」などを通して、朝来市のケアマネジャーの皆さんと一緒に学びつつ、一連の取り組みを"応援"させていただいた立場から、ケアマネジメント支援を進めるために必要なことや、今後の課題について考えてみたいと思います。

　まず、本書「はじめに」で触れられているように、ケアマネジメント支援の原点は「大切な利用者さん」への「より良い支援」を求めるという姿勢です。ケアマネジャーへの支援のその奥に、常に利用者の福利の向上を見据えておくことです。本書の中で繰り返し述べられている「良い支援を受けた援助者が、良い支援を実践できる援助者として成長する」というこの考え方が、ケアマネジメント支援に取り組む原動力、車で例えるならエンジンと言ってもいいでしょう。

● ケアマネジメント支援の4つのポイント

　では、ケアマネジャーへの「良い支援」、つまり、より質の高いケアマネジメント支援に求められることは何でしょうか？　本書を通して4つのことがみえてくると考えます。

■1 振り返り（省察）をともなう学習と実践を繰り返す

　この考え方は、第2章に取り上げられています。さらに本章（4-1）で、朝来市のケアマネジャーの皆さんが、自らの実践のあり方や内面（特性）を振り返り、「生の声」として生き生きと語っておられます。いわば、現場で常に考えながら行動し、学んだことの実践場面での応用可能性の検証を繰り返すという「省察的実践」が、対人援助職の成長を支えるのです[*]。

[*] 渡部律子. ソーシャルワークにおける省察的実践とソーシャルワーカー養成. ソーシャルワーク実践研究第4号. ソーシャルワーク研究所、2016.

2 支え合う関係性を作り上げ、それを一人ひとりの力として還元していく

本書の随所に「一緒に」「みんなで」「仲間」「地域ぐるみ」といった言葉が出てきます。これは、表面的なつきあいでも、単なる"仲良しグループ"でもなく、真剣に向き合う関係性を育むことを意味しているでしょう。

私は、会議や研修などの場で朝来市のケアマネジャーさんたちの様子をみていて、「お互いの違いを認め合いながら、かかわりを大切にする」関係づくりが醸成されているように感じています。

3 個別事例の検討を大事にする仕組みを現場に根づかせる

この点は、本書の中心、まさに幹となる第3章で紹介されている通りです。まずは、しっかりと個別事例を検討すること、その際のルールや進め方を構築し、地域ぐるみで取り組む仕組みとして定着させていく工夫など、多くのことが学べるのではないでしょうか。

4 互いの知識や技術、特性を活かし、各自が役割を発揮する

ケアマネジメント支援では、地域包括支援センターだけが懸命に旗振りをするが、他のメンバーは"お客さん"になってしまう、あるいは、地域ケア会議に参加した時には取り組むが、その場かぎりで終わってしまう…、といったことも耳にします。朝来市の場合は、包括と居宅の連携・分担もさることながら、一人ひとりのケアマネジャーが、さまざまな場面で主体的に自分の役割(特性、特技等)を発揮されているように思います。また、そういう役割発揮の場をうまく作ったり、他のメンバーがその活躍を承認する、ということも非常に上手だなと感心することも多くあります。

これら4つのことがお互いに作用しながら車輪となって、ケアマネジメント支援を力強く前に進めていくのではないでしょうか。

加えて、前に進むための燃料(エネルギー)ともいえるのが、取り組みを下支えしている学習の重要性です。本書の第1章や第

2章の記述に見られるように、朝来市のケアマネジャーの皆さんは、本当によく勉強されるな、と思います。兵庫県介護支援専門員協会の研修をはじめ、自分たちでさまざまな学習の機会を企画されています。本書の姉妹本『兵庫・朝来市発 地域ケア会議サクセスガイド』でも触れたように、地道に学習を続けてこられた姿勢と努力こそが、他の地域に参考にしていただきたい点だと考えます[*1]。

*1 足立里江. 兵庫・朝来市発 地域ケア会議サクセスガイド. メディカ出版、2015、p.34.

● 地域包括ケアは諸刃の剣

さて、次の第5章では、人材育成の先にある「環境整備・資源開発」が取り上げられています。地域ぐるみで行うケアマネジャーの人材育成、その先に、利用者の地域生活を支えるためのまちづくりという大きなビジョンがあることを示しています。これは、それぞれの地域性に応じた地域包括ケア・システムの構築にむけて、ケアマネジメント支援を含む地域ケア会議の推進が求められていることとかかわっています。

ただ、留意しなければならない面があります。まず、システムとしての地域包括ケアは"万能"ではありません。人びとの尊厳を守り、暮らしの拠りどころとなる生存権の保障は、地域包括ケアだけでは実現できません。そして、地域包括ケアや自立支援の名のもとに、自助や互助のみが強調されて問題解決に"動員"されるような本末転倒に陥らないことが求められます。

もちろん、地域住民や関係職種・関係機関が協働して、主体的に地域づくりに取り組むことは非常に重要です。それは、制度・サービスの限界を補完する"受け皿"として組み込まれるものではなく、真の意味での地域包括ケアの実現を目指した取り組みのなかで、意義や位置づけが検討されるものだと考えます。可能性と限界性を含む"諸刃の剣"ともいえる地域包括ケアの、積極面に着目した地域ケア会議のあり方として問われることではないでしょうか。

● 対人援助職同士のさらなる連携へ

　また、地域包括ケアのあるべき姿や実践方法は、地域に応じて多様だといえます。そのシステムを構築していくプロセスにおいて、地域ケア会議には、個別支援を積み上げながら地域づくりに結びつけていく視点が重要とされています。

　この視点について、人と環境の接点に介入し、地域社会の変革を視野に入れた課題解決を目指す「ソーシャルワーク」を展開する場として、地域ケア会議の意義がある、との指摘があります[*2]。当然、地域ケア会議は、多様な職種、住民の参画・協働の場ですが、とりわけ、ソーシャルワーカーとの協働に重要な意味を見出すことができるのではないでしょうか。朝来市でも、地域包括支援センターをはじめ、社会福祉協議会、医療機関、福祉施設などにおられるワーカーの人たちとのさらなる連携によって、地域ケア会議・ケアマネジメント支援のパワーアップにつながる可能性があるのではないかと期待します。

　いずれにしても、制度やシステムの変化に振り回されず、利用者の福利向上など、対人援助職としての価値を基盤とした実践・活動に取り組む担い手が地域・現場の第一線に広がり、定着していくことが、非常に重要だと考えます。あわせて、その担い手が共に支え高めあう場としての「グループスーパービジョン」を、着実に広げていくことが必要だと思います[*3]。これが、ケアマネジメント支援に求められる課題でもあるといえるでしょう。

*2　高山由美子．ソーシャルワーク実践としての「地域ケア会議」―その意義と活用の視点―．ソーシャルワーク研究42-1．相川書房、2016．

*3　渡部律子．社会福祉実践を支えるスーパービジョンの方法．社会福祉研究第103号．鉄道弘済会、2008．

5章

地域課題の抽出から資源開発へ

実がなる

実がなる ◀
葉を育てる ◀
幹をつくる ◀
根をはる ◀
土を耕す

5-1 朝来市地域ケア会議の概要

　朝来市のケアマネジメント支援について、これまでの歩み、基礎となる「哲学」、そして具体的な取り組みをご紹介してきました。この章では、個々のケアマネジメント支援から地域の課題を抽出し、資源開発につなげる朝来市の取り組みについてお伝えできればと思います。

　朝来市では、地域包括ケアシステム構築を目指し、包括を中心に、地域住民、関係機関、ケアマネジャーらが協働して、地域ケア会議の「体制デザイン」づくりに取り組んできました。「体制デザイン図」は、試行錯誤を重ねながら現在も進化をつづけていますが、まずは、デザイン図を考えていくにあたり留意した点、そしてデザイン図の中にケアマネジメント支援をしっかり位置づけるための工夫、さらに、個別課題を地域課題の検討へとつなぐ仕組みが有効に動き始めている状況についてご紹介したいと思います。

既存の会議をフル活用

　地域ケア会議の実施にあたっては、既存の会議の機能を、地域ケア会議の5つの機能と照らし合わせながら整理するところから始めました。

　朝来市には、以下のような4つの会議がありました。
❶向こう三軒両隣会議：利用者の困りごとを、住民と専門職が一緒に考える
❷ケアマネジメント支援会議：包括と居宅介護支援事業所の主任ケアマネジャーが協働で実施する
❸脳耕会：認知症にかかる課題を共有しながら、脳耕ドリル

の開発、集いの場作り等を検討する
❹**在宅医療・介護連携会議**：介護・医療連携の仕組みづくりをめざして協議する

そして、これらのバラバラに開催されていた会議を有機的にうまく連動させ、「体制デザイン図」を考えるために、1つの会議が担う機能をできるだけシンプルにし、一覧表に整理しました（表5-1）。

表5-1 ● 既存会議の機能の整理

会議名	内容	参集者	個別課題解決機能	ネットワーク構築機能	地域課題発見機能	地域づくり・資源開発機能	政策形成機能
❶向こう三軒両隣会議	利用者支援	当事者・地域住民・関係機関等	◎ 対象者が抱える課題	◎ フォーマルとインフォーマルの連携	△ 困難ケースの蓄積	◎ 自助・互助を育む	×
❷ケアマネジメント支援会議	ケアマネジャー支援	主任ケアマネジャー13名・理学療法士1名	◎ ケアマネジャーが抱える課題	◎ 主任ケアマネジャーとケアマネジャーの関係性	△ 困難ケースの蓄積	◎ 指導マニュアル開発・研修会の開催等	×
❸脳耕会	認知症支援策の検討	関係機関代表者15名	×	△ 住民・専門職のネットワーク	○ ❺からのオーダーによる検討	◎ 普及啓発等のツール開発・ケアパス作成	×
❹在宅医療・介護連携会議	介護・医療の連携に関する仕組みづくり	医療・介護専門職（事業所代表者）25名	×	△ 介護・医療のネットワーク	○ ❺からのオーダーによる検討	◎ 連携マニュアル作成等	×
❺地域包括ケアシステム推進会議	地域課題の抽出・優先順位の決定・❸❹への指示	関係機関代表者13名	×	△	◎ ❶❷から地域課題の抽出・決定	◎ ❸❹と連動しながら開発に向け検討	◎ 介護保険運営委員会への政策提言

章 地域課題の抽出から資源開発へ（実がなる）

　そして、これら❶〜❹の会議体の議論をつなぎ、政策形成に結びつけていくために、2014（平成26）年度に❺**地域包括ケアシステム推進会議**を新設しました。

会議のデザインを考えるポイント

> **ア** 個別課題と地域課題を検討するテーブルを分ける
>
> **イ** 「ご本人・家族の課題」と「ケアマネジメントの課題」を検討するテーブルを分ける
>
> **ウ** 「ご本人・家族の課題」検討は、地域住民と一緒にタイムリーに行う
>
> **エ** 「ケアマネジメントの課題」検討は、ケアマネジャーの人材育成を目的とする
>
> **オ** 個別課題の集約から地域課題の検討につながる「道筋」を明確にする

図5-1 ● 地域ケア会議の体制デザイン構築の留意点

ア 個別課題と地域課題を検討するテーブルを分ける

　個別課題を解決するためには、ご本人、家族、近隣者、そしてケアマネジャーを含む専門職等、本人にかかわっている人のネットワークを育み、一緒にアイデアを出し合うことが大切です。一方、地域課題に対応する場合には、一定以上の権限を持ち、地域や組織、予算を動かすことのできる役職者の参加が欠かせません。

　個別課題と地域課題を同じ会議体で議論し、会議の開催回数を抑えている地域もあるようですが、朝来市では、個別課題を解決できるメンバーと、地域課題に対応できるメンバーは異なる場合が多いと考えています。

◀ 「ご本人・家族の課題」と「ケアマネジメントの課題」を検討するテーブルを分ける

ご本人・家族の課題と、ケアマネジメントの課題、どちらも個別課題ですが、「利用者が抱える暮らしの課題」を検討し、利用者の自立を支援することと、「ケアマネジャーが抱える専門職としての課題」をひも解き、人材を育成することを、朝来市では区別して考えています。

▼ 「ご本人・家族の課題」検討は、地域住民と一緒にタイムリーに行う

ご本人・家族の個別課題については、医療・介護の専門職だけでなく、近隣者や民生委員、消防署や弁護士等、課題に合わせてその都度、参集者を選定し、会議をデザインします。ご本人や地域が困っている状況ですから、何をおいても、必要に応じてタイムリーに会議を開催することが重要です。

個別課題の検討を通じ、地域と専門職が一緒になって支援した経験が、さらなるネットワークを育み、未来の個別課題を支える循環が生まれていきます。

■ 「ケアマネジメントの課題」検討は、ケアマネジャーの人材育成を目的とする

包括と居宅の主任ケアマネジャーが協力し、スーパービジョンの要素を含んだケアマネジメント支援会議を重ね、多くのケアマネジャーがつまづきやすい「ケアマネジメント全体の課題」や、「アセスメントに必要な思考」を言語化していくことで、成功体験が共有・蓄積されます。それが、『朝来市ケアマネジメント指導者マニュアル』開発につながります。また、有効な解決策が見つからなかった課題は集約・分析し、地域包括ケアシステム推進会議にかけます（次ページ図5-2）。

5章 地域課題の抽出から資源開発へ（実がなる）

オ 個別課題の集約から地域課題の検討につながる「道筋」を明確にする

　地域ケア会議が、地域づくりの有効なツールとして活用されるためには、個別事例から資源開発への「道筋」を可視化し、地域住民・専門職にその仕組みを知ってもらう必要があります。こうして生まれたのが「朝来市地域ケア会議体制デザイン図」（図 5-3）です。

　デザイン図のベースには、一番大切な「地域」を配置しました。これは、「地域の声を集める・共に考える」ことを目指したものです。そして、一人歩き、妄想、看取り等、地域に出現する一人ひとりの困りごと、すなわち個別課題を検討する会議体が、❶向こう三軒両隣会議と❷ケアマネジメン

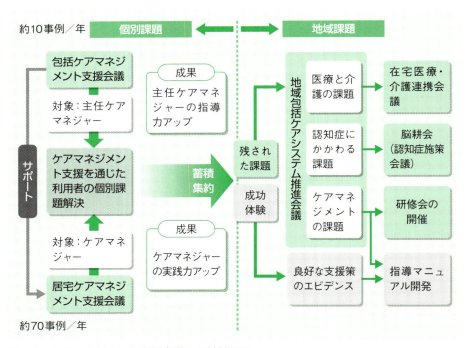

図 5-2 ● ケアマネジメント支援会議から地域課題へ

ト支援会議です。

❶❷で集約された地域の課題は、中枢会議体である❺地域包括ケアシステム推進会議のテーブルに乗せられ、認知症関連は❸脳耕会に、医療・介護連携に関するものであれば❹在宅医療・介護連携会議に資源開発のオーダーが出されます。そして、❸❹の検討内容を❺で再度集約し、朝来市の施策に反映させていきます。

このような体制を整え、デザイン図として可視化したことで、地域の声・個別事例⇒地域課題⇒資源開発や朝来市の施策、という道筋が、多くの人に理解・共有してもらえるようになりました。

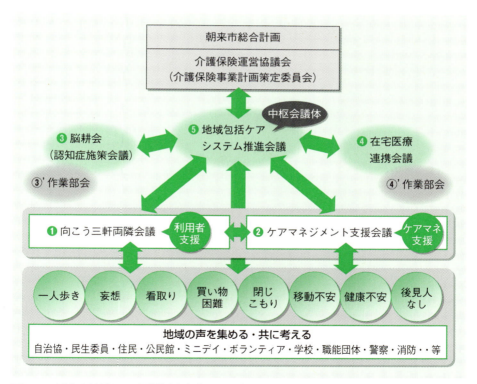

図5-3 ● 朝来市地域ケア会議体制デザイン図（Ver.6）

5-2 地域課題の解決に向けて

向こう三軒両隣会議の集約・分析

個別課題から地域課題を抽出するために、向こう三軒両隣会議の検討内容を、図5-4に示す定型シートによって集約・分析します。このシートの特徴は、次のような点です。

- ニーズキャッチのルートとキーワード：地域の課題発見の道筋を確認し、会議で検討された「キーワード」を分類することで、地域の"困りごと"がひと目でわかる

NO	年月日	ニーズキャッチのルート	キーワード	事例テーマ	参集者	成功体験			残された課題
						アセスメントの深化	ネットワークの強化	資源活用・開発	
		処遇困難ケースの発見役	カテゴリー分類	困りごとにテーマをつけることで、検討の焦点を絞る		成功体験は、地域・専門職間で共有し次のケースに活かす。支援した体験そのものが、地域・専門職の福祉力を高める		地域課題抽出・資源開発・施策展開のキーポイントになる	
2	4月○日	ケアマネジャー	医療	日中独居で救急車を頻回に呼ぶ高齢者の見守り体制づくり	本人・長女・区長・民生委員・訪問看護・消防署・ケアマネジャー・居宅主任ケアマネジャー・MSW・行政・包括	●本人・家族・地域・関係機関が、一緒に本人の病状を理解することができた	●家族と近隣者の「頼み」「頼まれる」関係づくりができた	●訪問看護の緊急時訪問加算と、地域の見守り体制を組み合わせた	見守り体制のとれない時間が長い

図5-4 ● シートを使った向こう三軒両隣会議の集約・分析

- 成功体験：次の応用実践の下地となる
- 残された課題：地域課題へ転換していく“種”として集約する

ケアマネジメント支援会議の集約・分析

ケアマネジメント支援会議においても、1事例の検討につき1枚の事例報告シートを、事例提供者自身が記入して、包括が集約します（図5-5）。

シートには、2種類の項目があります。

- 通年定型の項目：「自立支援を阻害する因子」「重点的に検

朝来市・生野地域包括支援センター

平成28年度ケアマネジメント支援会議事例報告シート（案）

この評価シートは、今後の資源開発・政策形成の参考資料とさせていただきます。ご協力をお願いします。

1 事例提供者の属性についてお答えください。

所属（　　　　　）　氏名（　　　　　）　CM経験　約（　）年

2 事例の属性・テーマについて教えてください。

要介護度		年　齢	
性　別		主な病名	
家族構成			
事例テーマ			
検討したいと思った理由			

3 ケアマネジメント支援会議で、次のカテゴリーが「検討された割合」と、ご本人の「自立を阻害する要因」について、評価してください。

NO	項　目		検討割合	自立を阻害する要因
			もっとも多く検討されたカテゴリーを5点として、0点（全く検討されなかった）〜5点（最も多く検討された）で、全てのカテゴリーを評価してください。	要介護度が悪化する要因になっているものは何ですか？上位3つを選んで○をつけてください。
1	問題の特徴	本人・家族の意向について	点	
		病気・心身機能について	点	
		活動（ADL・IADL）について	点	
		参加と役割について	点	
		個人特性について	点	
2	システムとの関係（問題に関連している周囲の環境とその関係性）	家族	点	
		地域	点	
		医療	点	
		介護	点	
		その他	点	
3	コーピング力（強さ，技術など問題解決に活かせる力や限界）		点	
4	動機付け（問題解決への意欲）		点	
5	問題解決に役立つ資源について		点	

4 ケアマネジメント支援会議の視点について教えてください

	項　目
家族システムの視点	□とても意識して検討できた
	□まあまあ意識して検討できた
	□意識できなかった
	□その他（　　　　　）
本人・家族の対処力	□本人・家族の対処力を見つけることができた
	□本人の対処力を見つけることができた
	□家族の対処力を見つけることができた
	□その他（　　　　　）
地域アセスメントの視点	□とても意識して検討できた
	□まあまあ意識して検討できた
	□意識できなかった
	□その他（　　　　　）
地域の対処力	□民生委員の力を見つけることができた
	□近隣の力を見つけることができた
	□本人と地域の接点を見つけることができた
	□その他（　　　　　）

5 ケアマネジメント支援会議を通じて、どのような気づき・ケアマネジャーとしての課題がありましたか？

自身で感じた気づきや課題
何故それを感じたか
何故今まで気づかなかったのか

6 ケアマネジメント支援会議により、今後新たに必要だと感じた「資源」や「支える仕組み」はどのようなものですか？あればご記入ください。

	必要だと感じた「資源」や「支える仕組み」の具体例
フォーマルな資源	
インフォーマルな資源	

記入日：平成28年　　月　　日

図5-5 ● ケアマネジメント支援会議の事例報告シート

事例報告シートは、Webでダウンロードできます（8ページ参照）

討された項目」、そこから導き出された「新たな気づきの内容」、この事例を支援するために「必要だと思った社会資源」について問うもの
- 変動項目：前年度のケアマネジメント全体の課題に対する評価を行うための項目。2016（平成28）年度は、家族アセスメントや地域アセスメントに関する多角的な視点と、その対処力の発見を問うもの

個別課題と地域課題を連動させる仕組み

個別課題を地域課題に転換させる方法としては、個別１事例（図5-6のA）、複数事例（同図のB）、地域の声・関係機関（同図のC）からの、大きく３つのパターンを考えています。

ABCいずれの場合も、「こんな仕組みがあったらいいな」「もっとこの仕組みを強化したい」「この事業は急ぎだ」など、

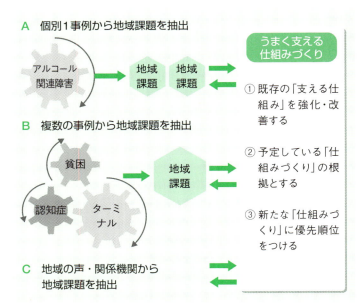

図5-6 ● 個別課題と地域課題の連動

利用者の支援に携わりながら、未来のイメージを描くことが重要です。その実現に向け、地域課題を抽出し、根拠となるデータを集めて可視化して、先ほどの地域ケア会議体制デザイン図にうまく乗せていくことにより、資源開発・施策展開につなげることが可能となります。

抽出された課題を裏づける

それでは、朝来市で 2015（平成 27）年度から行ってきた具体例をご紹介しましょう。

①ケアマネジメント支援会議で検討された 74 件の事例シートの分析から、「糖尿病の悪化」「認知症状の悪化」「脳梗塞の再発」等の事例が多く見られた。
②各事例に共通する背景要因を探ると、「薬管理の困難さ」が浮かび上がってきた。
③市内ケアマネジャーにアンケートを取ったところ、1,180 人の利用者のうち、まったく薬の管理ができていない事例が 197 人あることが判明した（量的なデータ）。
④ケアプランに薬管理の項目を盛り込んでいるケアマネジャーが少ないこと、薬剤師とは連携がとれていないこと等が見えてきた（質的な分析）。

こうして、ケアマネジメント支援会議の質的な事例分析と、アンケート等による量的なデータをあわせて❺地域包括ケアシステム推進会議に提出し、そこで「朝来市の解決すべき地域課題」と決定され（次ページ図 5-7）、❹在宅医療・介護連携会議に資源開発のオーダーが出されました。

今回の「薬管理」という地域課題抽出のポイントとしては、
- 地域課題の目星をつけていたこと
- その目星を軸に集約事例を分析したこと
- アンケートで量的データの裏づけを取ったこと

図5-7 ● ケアマネジメント支援会議から抽出された地域課題

- ディスカッションで専門職の声を集めたこと
- 地域ケア会議の体制デザイン図に乗せたこと

等を挙げることができます。

地域課題抽出から資源開発までの道のり

在宅医療・介護連携会議は、地域包括ケアシステム推進会議のオーダーを受け、薬管理研修会の開催（年3回）、ケアプランに盛り込むアイデアを含めた薬管理リーフレットと薬局連携一覧表の作成等の資源開発を行いました（**表5-2**）。

次年度はこれを受け、薬管理リーフレットの使用率やケアプラン修正率、薬管理が困難な利用者の追跡調査等により、開発した社会資源の評価を行っています。

表5-2 ● 2015（平成27）年度の在宅医療・介護連携会議

活動項目	5月	7月	9月	11月	1月	3月
薬管理リーフレットの作成	地域課題の共有	・ケアマネ協会からの提案 ・多職種の意見集約	・多職種の意見集約 ・連携チャート（案）の作成	・連携チャート（案）の修正	・リーフレット案の作成	・リーフレット最終検討
主治医・薬局一覧表の作成		・主治医一覧表作成にかかる検討	・薬局一覧表作成にかかる検討	・薬局アンケート項目の修正 ・アンケート実施	・薬局一覧表の作成	医師会・ケアマネジャー協会研修会にて研修・意見交換
住民への周知方法検討			・住民への周知方法検討	・薬手帳カバー作成にかかる検討	・リーフレット配布方法検討	
ケアプランの内容検討					・事例検討（個別ケアにおける工夫）	
入退院時連携マニュアルの見直し	・入退院時連携アンケート結果報告、協議	・マニュアル修正案協議 ・修正周知				
作業部会（委員長・薬剤師・ケアマネジャー等）			① 10月 ・薬剤師会朝来ブロックについて ・地域課題の共有	② 11月 ・薬局アンケート・薬管理リーフレット	③ 1月 薬管理リーフレット文言修正	

・薬剤師を中心に作業部会を結成
・ケアプランに盛り込むアイデアを出し合い、薬管理リーフレットを作成

5章 地域課題の抽出から資源開発へ（実がなる）

地域課題が専門職を熱くさせる

　薬管理という地域課題への取り組みにおいては、市内の薬剤師の皆さんが、会議に参加し、夜を徹して薬管理リーフレットを作成するなど、最も尽力してくださいました。その過程で、他の専門職から「薬の専門家」として頼られる場面が数多くあり、それが薬剤師会発足のきっかけにもなりました。

　薬管理リーフレットや薬局一覧表を作るのは簡単なことですが、「国が決めた事業だからする」のでなく、「高齢者のニーズが確かにある」「朝来市の利用者のための資源開発だ」という専門職の目標共有と一体感が醸成されたことが、未来につながる大きな財産だと考えています。

　高齢者一人ひとりのニーズを束ねた地域課題には、私たちの専門職としての活動機運に火をともし、そのネットワークを強固なものにする「力」があるのです。

●参考文献
①足立里江「暮らしを支える地域ケア会議〜地域包括ケアシステムへの道筋」(『地域ケアリング』2017年4月号)
②渡部律子『基礎から学ぶ気づきの事例検討会』(中央法規、2007)
③「地域包括ケアシステムの課題解決に向けた取組状況に関する調査研究」(地方自治研究機構、2016)において、朝来市の地域ケア会議の内容等を紹介
④足立里江「効果的な地域ケア会議を推進する地域包括の役割」(『ケアマネジメント学第14号』日本ケアマネジメント学会)で、ケアマネジメント支援会議の現状と包括の役割などについて考察
⑤『地域ケア会議運営ハンドブック』(長寿社会開発センター、2016)において、地域課題を可視化する工夫など、朝来市での取り組みを紹介
⑥地域ケア会議の仕組みづくりの経緯、その背後にある考え方などについては、足立里江『兵庫県朝来市発・地域ケア会議サクセスガイド』(メディカ出版、2015)で詳説

5-3 ケアマネジメント全体の課題

ケアマネジメント全体の課題の抽出

　ケアマネジメント支援会議からは、前節でご紹介した「利用者の暮らしにかかる地域課題」以外に、「ケアマネジメント全体の課題」を抽出することができます。

　例えば、ケアマネジメント支援会議で検討された個別課題の集約分析結果（平成27年度分）から、多くの事例において、介護・医療保険サービスの調整だけでは地域生活の継続が支援できない現状が見えてきました。また、提出された事例の44％において、担当ケアマネジャーが「もっと地域とのかかわりが必要である」と感じていることも明らかとなりました。

　しかし、その一方で、ケアマネジャーのディスカッションからは、「地域住民を資源として見てしまうようで抵抗がある」「住民間の境界線やルール・力関係があり、どこから働きかけたらいいのか戸惑う」等の声が上がり、「地域とのかかわりが必要」としながらも、そこに難しさを感じているケアマネジャーが多いという現状も見られました。

　これらを地域包括ケアシステム推進会議で報告し、朝来市の「ケアマネジメント全体の課題」として位置づけます。そうすることにより、市内全域で「地域との連携」を視野に入れたケアマネジメント支援を展開する環境を整えていきます。

地域との連携を視野に入れたケアマネジメント支援

　この「ケアマネジメント全体の課題」を、まずは、居宅主任ケアマネジャーにフィードバックすることが重要です。自

169

5章 地域課題の抽出から資源開発へ（実がなる）

分たちの地域で、部下や後輩が共通してどのようなことに困っているのかを知り、それを支援するための実践力を培っていかなければなりません。

包括は、その実践力を下支えするために講師を呼び、年間を通じて研修会を企画します。また、朝来市ケアマネジャー協会は、協会主催の研修会のほか、朝来市のケアマネジャーが、「利用者の地域生活継続」のために地域とどのようにかかわっているのかの現状分析を行い、地域の力を活かすために必要な「ケアマネジメントの要素」を抽出し、今後の実践やケアマネジメント支援に役立つような研究活動を行っています[*]。

これらの活動を通じて、ケアマネジメントがどのように変化したのかは、包括が担当する事例報告シートの集約によって、評価できる仕組みとしています。

＊フランスベッド・メディカルホームケア研究・助成財団の研究助成事業として実施

朝来市ケアマネジャー協会の活動風景
（利用者の地域生活継続を支えるケアマネジメントの要素の抽出）

現状を通して考える課題

　朝来市では、このように、向こう三軒両隣会議とケアマネジメント支援会議の個別事例から、「利用者の暮らしにかかる課題」と「ケアマネジメント全体の課題」の双方を抽出し、対応しています。

　その中では、困難な課題に直面したときにこそ、ケアマネジャーのネットワーク力が高まり、専門職の力が引き出され、地域住民の対話の量が増えるといった、人と地域の変化と成長のプロセスがありました。

　そして、ここで大切なのは、個別事例から導き出された資源や政策が、未来の個別課題を支える礎となり、しっかり機能していくことではないでしょうか。この循環を、多くの人の手と、目と、知恵を集めながら、たゆみなく続けていくことこそ、地域包括ケアシステムそのものだと考えています。

*

　とはいえ、地域の声や個別事例の集約を通して、あまりにも多くの地域課題が浮かび上がり、解決の道筋が見えないことも増えてきたのが現実です。

　今後は、さまざまな職域を通じたあらゆる地域の力を活かす方法を模索することが、よりいっそう求められるでしょう。その中では、利用者の暮らしに合わせてさまざまな人、地域、制度をつなぎ調整するケアマネジメントの役割が、ますます大きなものになっていくように感じています。

資料編 1 アセスメントの思考
〜ジェネラリストモデル（5つの局面）〜

朝来市ケアマネジメント指導者マニュアル（朝来市地域包括支援センター作成）より

　人の暮らしはあらゆる要素が関連し、影響を与え合いながら成り立っています。ゆえに、1つひとつの情報をバラバラに捉えるのではなく、さまざまな「のりしろ」を用いて、「つなぎ合わせること」「意味づけすること」が重要です。この意味づけされた情報には、その人固有の物語があり、問題の背景や解決策がひそむことも多いものです。

　私たちは、それらアセスメントの思考を育みながら、「問題解決に最適な方法を導き出すプロセス」を、ご本人・家族が自ら歩いていけるよう、支援する役割を担うのです。

1 ジェネラリストモデルを活用したアセスメント図（改変）

統合的アセスメント5つの局面（15項目改変）

A 問題の特徴
- ②何がクライアントの問題なのか？
- ③問題の具体的な説明
- ④クライアントの考え・感情・行動
- ⑤発達段階・人生周期
- ⑬どんなニーズが満たされないためにこの問題が起こっているのか？

B 周囲との関係
- ⑫誰がどんなシステムが関与している？
- ⑪良くしている人や出来事、悪くしている人や出来事
- ⑩今までどんな方法を試した？　計画を考えた？

C 対処力（コーピング力）
- ⑨問題理解に必要な固有の情報（医療・精神衛生・認知力・経済・学力等）
- ⑦クライアントの持つ技術・長所・強さは？

D モチベーション
- ①なぜ援助を受けようと思ったのか？　進んで援助を受けようと思っているか？

E さまざまな資源
- ⑭問題を解決するためにクライアントが使える人的・物的資源
- ⑮どのような外部の資源を必要としている？

生活歴・価値観・信条
- ⑥クライアントの成育歴
- ⑧価値観・人生のゴール・思考のパターン

＊54ページ参照

■ 生活全体をシステムとして捉えていこう
■ 流動的に時間軸で捉えていこう

2 情報を収集する3つの心得

■ 情報は量より質

クライアントの抱える問題の種類や状況により、必要となる情報は違います。「あれも聞きたい」「これも知りたい」ではなく、「問題を明らかにし、その人ならではの解決方法を導き出す」ために、「必要な情報は何か？」を考え、「必要最小限」の情報を、意図的に収集することが大切です。このことにより、面接開始からより早い時点で、「問題の核心」にぐっと近づくことができるのです。

■ 質の高い情報収集

質の高い情報とは、事実に基づいた「客観性」と、本人・家族の口から直接語られたクライアント独自の「主観性」を保持している情報です。そして、情報には常に「主語」（誰からの情報か？）を付けることを意識し、客観的な情報と、主観的な情報を分けて格納することが大切になります。このことにより、複雑多岐に渡る問題の相反する情報に惑わされ、問題の本質が見えなくなることを防ぐことができます。

■ 出来事の背景をとらえる

人の暮らしは、複雑多様なシステムで成り立っています。ある事象が起こるには、それがどんなに不可解に感じられる事象であったとしても、その背景には、それが「起こらざるを得ない」事象（情報）が存在します。「起こるべくして起こった」その事象のプロセスを知ることは、利用者理解と援助関係の形成に大きな影響を及ぼします。

3 情報を統合する5つの「のりしろ」

1 直線的思考の「のりしろ」

ある事象が起こる原因を推測、特定していく思考法です。例えば、転倒の原因としては、「足の力が弱い」ことが主要因として考えられます。それ以外にも「貧血がある」「段差が多い」等、いくつかの事象が重なり合って、「転倒」という事象を作り出していることもあります。このように、「原因」⇒「結果」という思考（のりしろ）で、情報と情報をつなぎあわせて考えることができます。

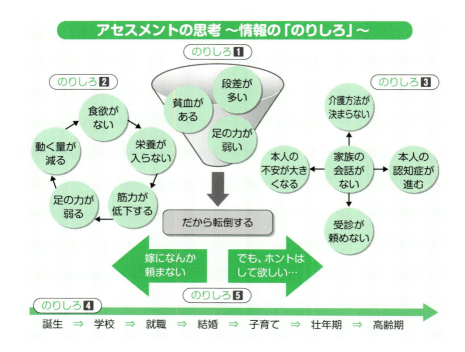

2 円環的思考の「のりしろ」

　原因が結果となり、また次の事象の原因となるように、原因と結果が次々と連鎖している場合の思考法です。例えば、「食欲がない」から「栄養が入らない」、そして「筋力が低下する」、もちろん「足の力が弱る」、そのせいで「動く量が減る」、そしてさらに「食欲がなくなる」というように、原因と結果を次々とのりしろでつなぎ、その事象を理解していく思考法です。

3 １つがすべてに影響を与える「のりしろ」

　例えば、「家族の会話がない」という１つの要因によって、「ご本人の認知症が進んだり」、「受診が頼めなかったり」、「ご本人の不安が大きくなったり」「介護方法が決まらない」等、さまざまなことに影響が出ている場合があります。１つの事象が多くのことに影響を与える場合もあるという思考を大切にしながら、情報と情報とを、のりしろでつないでいきます。

4 時間軸で情報をつなぐ「のりしろ」

　「今」だけを切り取って見るのではなく、「過去」から続く「今」を、時間の流

れの中で見ていく視点が大切です。「花の時代」には何をどのように築き、「喪失の時代」には、何をどのように失ってきたのか？ そして、「どん底」の時代をどのように乗り越えてきたのか？ そのとき、クライアントを助けてくれた「人・物・信条」はどんなものだったのだろうか？

そして、これらさまざまな出来事の中で、クライアントが「どうしてもゆずれなかったもの」（価値・信条）は何か等、クライアントの語りを意味づけながら、「ストーリー」として捉えていく視点が重要です。そして、ライフイベントから見えてくるご本人とその周囲の「力」は、今後の問題解決に役立つ「有効な手立て」になるのかどうか…、ここを吟味することが重要です。

5 アンビバレントで情報をつなぐ「のりしろ」

相反する事象を同時に捉える視点。思考・感情・行動の不一致を読み解いていくことは、利用者理解の大きな手がかりとなります。

- 「助けてもらいたい」けれど「自分でやりたい」
- アルコール依存症の息子。母親は、「この子には、苦労させられてばかり。この子さえいなければ…」と言うが、その一方で、「やはり、息子が大事」「とても大切」

相反する感情が母親の中で同居し、葛藤を起こしています。表面的な言葉をうのみにするのではなく、さまざまな角度から１つの事象を捉え、考えていくことが大切です。一方向からだけの視点や、援助者の先入観で解決策を提示しても、クライアントの心には届かないでしょう。

4 朝来市アセスメント図の解説

ここまでのところで、情報収集の心得と、情報をつなぎあわせて意味づけするための「のりしろ」についてご紹介してきました。それらを踏まえた上で、利用者を理解し、その人ならではの問題解決方法を導き出すために、「どのような情報が必要か」「その情報をどのように統合すればいいのか」について、朝来市で使っているアセスメント図をもとにご紹介しましょう。

❶ 問題の特徴

まず、「問題の特徴」では、ご本人が「困った」と言われることや、周囲が「困った」と思われていること、さらには、ケアマネジャーが「問題」と思うことを中心にその詳細を見ていきます。

資料編

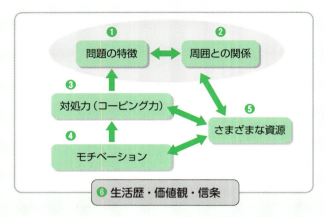

　この図は、クライアントとクライアントの抱える問題の背景を明らかにし、その人ならではの問題解決方法を導き出すための、情報統合ツールです。従って、「この情報は必ず❸に入る」とか「いつも❺に入る」というものではなく、❶の問題によって、❷～❻の情報は変わってきます。

　例えば、「家族」の持つ役割や機能には多くの種類があります。「介護による家族の疲弊」が❶問題となることもありますし、また家族の「介護力」「経済力」がその問題に影響を与えている場合は、❷周囲との関係になります。そして、あるとき家族は、問題を解決する❸対処力となることもあり、❺さまざまな資源になる場合もあります。それは、「家族」以外の情報についても同様です。ですので、大切なことは、それぞれの情報がシステムとして互いに影響を与え合いながら成り立っていることを、しっかり把握すること。その上で、ご本人の抱える問題を、そのシステムの中で、様々な力やその影響を活かして解決していく視点を持つことなのです。

　その問題は、「いつから始まったのか？」「どのくらいの頻度で起こるのか？」「それによる、生活障害（主観的・客観的）はどの程度か？」等を見ていきます。
　⇒ここで、問題の大きさや深刻さ、そして変化の可能性を、ある程度推し量ります。
　しかし、ここだけではまだ、問題の大きさ・深刻さはわかりません。

❷ 周囲との関係

　問題の大きさや深刻さ・変化の可能性は、その人を取り巻く「周囲との関係」の中で見積もっていきます。

①アセスメントの思考～ジェネラリストモデル（5つの局面）～

　例えば、「足の力が弱く、浴槽がまたぎにくい」という困りごとがある場合に、家の浴槽が"深さ60cmの浴槽"であれば、その「困りごと」は「生活障害」になります。しかし、その反対に、最新のユニットバスや福祉用具の充実した環境であれば、その困りごとは、「生活障害」にはなりません。このように、問題の特徴と、ご本人の生活を取り巻く「周囲との関係」を関連づけながら見積もることが大切になります。

　この「周囲との関係」を見るときには、エコマップがとても有効です。エコマップには、「人」以外にも、「ペット」「制度」「建物」「出来事」「趣味の会」なども記入していきます。
　そして、問題に関連する要素は何か、どの要素が何にどのような影響を与えているのかを見ていきます。例えば、「良い影響を与えているものは何で、その影響を高めることは可能なのかどうか？」「悪い影響を与えているものは何で、その影響を最小限にとどめる方法はあるのか？」などと予想しながら情報を組み立てていきます。

> 　ここまでで、問題の大きさや深刻さを量ってきたわけですが、私たちが「介入する必要があるか？」「どのように介入するのか？」は、まだ判断できません。
> 　ここから以降の❸・❹・❺で、問題解決の力が、ご本人と家族・周囲との関係の中に「どの程度、存在するのか？」を推し量り、その人ならではの問題解決方法を大切にしながら、<u>介入の種類や量・方法・タイミング</u>を見積もっていくのです。

❸ 対処力（コーピング力：問題への対処能力）

　問題がとても大きく深刻であったとしても、ご本人・家族の「問題対処の力」が高ければ、「問題」が「問題」とならない場合もあります（問題への対処力が高い場合は、ご自身の力で問題について考え、判断し、解決することが可能だからです）。
　その反対に、問題がさほど大きくない場合でも、ご本人・家族の「対処の力」が低い場合には、ささいな問題が、「深刻な問題」へと進んでいきます。

私たちが介入する場合は、
1) まず、この対処力（問題解決に使えるあらゆる内的資源）を見つけ、
2) 周囲との関係の中で、その力が効果的に活用できるのかどうかを見定め、
3) この対処の力が最大限発揮されるよう、環境調整していくこと。
4) そして、その力をご本人・家族に言語化して承認し、"エンパワメント"していく、

という4つの視点が肝要です。

❹ モチベーション

❸の「対処力」に最も大きな影響を与えているのが、「モチベーション」です。

このモチベーションは、「自身が抱える問題を解決しようとする意欲」「生きる意欲」「何かを達成しようとする意欲」等、クライアントの生活を根底から支える思考や行動の源になる部分です。

特に、自身が直面する問題を、ご本人・家族が「これは、問題である」と認識し、きっちりと困っていて（ここが重要）、「何とか解決したいと思っていること」は、とても重要です。

自身の問題を解決するために、「自らの問題と向き合うこと」や、「解決策を検討し、資源を調達すること」等の原動力として、なくてはならない部分です。

この場面で、注意しなければいけないことは、私たちの介入方法いかんでは、ご本人・家族の「問題を問題と認識する機会」や「解決していこうと決心する機会」を奪い、将来の問題解決能力を低下させてしまう危険性があるということです。

● 問題解決のプロセスを共有することも必要

例えば、脳梗塞で半身麻痺となった場合、ご本人・家族は、今後の生活がイメージできないまま退院を迎える場合もよくあります。さらに、もともとコミュニケーションの少ない家族ならば、この問題について、家族間で話し合うことが難しいかも知れません。

それを見た担当ケアマネジャーや周囲の人が、「大丈夫だろうか？」「できるのだろうか？」と心配し、ヘルパーやデイサービス、訪問看護、ボランティア、配食等、さまざまな社会資源を投入し、退院後の生活を支えたとしたら、どうなるでしょう。

①アセスメントの思考〜ジェネラリストモデル（5つの局面）〜

　ご本人・家族は、退院後のイメージが湧かないままに、"きっちりと困る体験"も、"家族で問題と向き合う体験"も奪われたまま、手厚いサポートの中で、問題が解決されることになります。一見すると適切なマネジメントが行われたようであり、家族から感謝されるかもしれません。

　しかしその後、年齢を重ねる中で、ご本人の病状が悪化し、さらなる支援が必要となる時期がやってきます。その時、これまでの経過の中で、ご本人・家族が向き合い考える機会や、問題解決のプロセスを協力しながら歩む機会を奪われてきていたとしたら、もはや、「自分たちの問題」として現実と向き合い、解決に向かって力を出し合うことが、非常に困難となる場合が多いのです。

　このように、「モチベーション」を視野にいれたアセスメントがなされない状況で、安易にサービスを提供すると、「ご本人・家族が問題と向きあう機会」を奪い、ひいてはそれが、「ご本人・家族の問題解決の力」（対処力）を低下させる危険性が生まれるのです。

　つまり、援助者として忘れてはならないことは、私たちが「ご本人、家族に代わって問題を解決してしまってはいけない」ということです。担当クライアントの生活が心配で、とても見ていられない場面があったとしても、あくまでも、それを解決するのはご本人・家族です。

　そして、ご本人・家族がしっかり問題と向き合い、「問題」を「問題」と認識し、その人ならではの方法で解決していけるよう、そのプロセスを支援するのが私たちの役割だということを、忘れてはなりません。そういった意味でも、この「モチベーション」は、見落としてはならない、とても大切な項目なのです。

❺ さまざまな資源

　最後は資源です。この場合の資源は、ご本人の抱える問題解決に使えるすべてのものを指します。フォーマルやインフォーマルのサービスをはじめ、ペット、道路、建物、お金、制度…、ありとあらゆるものが資源となります。これらの資源を使って、さまざまなカテゴリーに働きかけることで問題解決が図れるよう考えます。ただし、ここで大切なことは、「その人ならではの問題解決の方法」を大切にすることです。これをベースに、さまざまな可能性を考えていきます。

■ モチベーションに働きかける資源

● いとしい人の存在
◎ 脳梗塞後遺症で右半身麻痺となった方の場合

"もう、自分はなんの役にも立たなくなってしまった"と、食事を拒否し、リハビリも進まず、ナースやセラピストがいろいろ声を掛けても、頑として聴く耳を持たれない70代の男性がおられました。

しかし、5歳のお孫さんがやって来ると、ベッドから起き上がりお孫さんの頭をなでようとされます。お孫さんが「おじいちゃん、元気になって」と話しかけると、手をにぎり、答えようとされます。いとしい人、大切な人の存在そのものが、回復に向かう「モチベーション」を高めるのです。

● 好きなこと、したいこと
◎ デイサービスを拒否する男性高齢者の場合

ケアマネジャーは「自分から言っても無駄だ」と判断し、遠くに住む娘さんに相談しました。遠くに住む娘さんは、お父さんの好きなものや、好みをつぶさに教えてくれました。

その中に1つだけ、デイサービスとの共通項がありました。それが「麻雀」です。またさらに、昔の麻雀友だちAさんが、そのデイサービスに通っておられることもわかりました。

ケアマネジャーは、娘さんに、「友だちのAさんから、ご本人をデイサービスに誘ってもらわれてはいかがでしょう？」と提案しました。

外出や趣味の活動など、何かを始めるときには、「好きなこと」「したいこと」を大切にするとともに、「誰から誘われたのか」ということが、想像以上に、モチベーションアップのきっかけになる場合も多いのです。

■ 対処力に働きかける資源

在宅での介護を何とかやっていきたいと思っているにもかかわらず、その具体的な手段がわからずうまく介護できない等の場合では、介護者の会に参加して、「声かけの方法」や「排泄介助の方法」を学ぶことも、対処の力を高める一つの方法です（情報サポート）。

また、ヘルパー派遣の中で、「一緒にする家事」を行い、一人で料理が作れるように支援する、その人の持つ力をしっかりと言語化して承認する、家族や周囲の者にとって、あなたの存在自体がかけがえのないものであることを繰り返し伝えていく等、場面や状況に合わせたさまざまな働きかけがあります。さ

らには、私たちが行う「自己決定のサポート」も、対処の力を高める外部資源の働きかけです。

それぞれ、どのようなサポートがあれば、対処力が高まり自立支援やQOL向上に向かうのかを吟味しますが、モチベーションに働きかけることで対処力が向上することも視野に入れておく必要があるでしょう。

■ 問題の特徴・周囲との関係に直接働きかける資源

「配食サービスで調理を支援します」「デイサービスで日中過ごしてもらいます」等、ご本人・家族の抱える課題に直接手を差し伸べ、支援する方法がこの部分です。

しかし、前述したように、この部分に直接働きかける場合は、「モチベーション」や「対処の力」に及ぶ、「資源活用による影響」を十分に見定め判断していくことが肝要になります。

過剰なサービスは、ご本人・家族の「対処の力」を奪う結果になりかねません。

丸抱えでサポートするのではなく、ご本人の力（コーピング力）「したいこと」「できること」「好きなこと」「していたこと」等を、面接の中で見つけ、それを言語化して承認し、生活の中で活かす…、そういった視点が必要です。

❻ 生活歴・価値観・信条

この項目は、❶〜❺のすべてに大きな影響を及ぼす項目です。

ここを知るためには、ライフイベントに代表される生活歴をひも解く必要性があります。なぜなら「問題を抱えるに至った経緯」や「問題を問題と認識するかどうか」、そして「問題を解決していくなじみの方法」等、さまざまな思考や行動を形作っているものが、生活歴に隠されていることが多いからです。

例えば、デイサービスの利用を頑なに拒否する70歳の男性がおられました。「なぜ、この方はこんなにデイサービスを嫌がられるのだろう」「人に会うのがいやなのかな」「レクリエーションが苦手なのかな」「奥さんのそばにいたいのかな」…、いろいろな想像をめぐらしていました。

そんな中、ご本人や家族から生活歴を教えていただく途上で、ご本人が一代で築きあげた会社の経営をめぐる息子さんとの確執が見えてきました。ご本人は病前まで現役の社長でした。しかし、今回のご病気により息子さんが会社の指揮をとられるようになっていました。ご本人にとって、それは現役から退かざるを得ない現実を直視させられる出来事であり、同時に、息子の新しい経営

方針に納得することもできませんでした。そして、今回のデイサービス利用は、その息子さんから勧められたものだったのです。ご本人はデイサービスを拒否することで、"まだまだ息子の言うことになど従わないぞ"という意思を表現されている部分もあるのではないか…。生活暦からは、そんな仮説を立てることができました。

　もちろん、デイサービスを拒否される理由は1つとは限りません。しかし、このように"出来事に対する評価"や"その人ならではの問題解決方法"は、人によって大きく違うことを知っておくことで、私たちの支援やかかわり方はまったく違うものになるのです。同じ出来事でも、

> その出来事に対して、ご本人がどのような意味づけをされているのか？
> その問題に対して、どのようなスタンスや方法を取られる方なのか？

　これらを知るためには、まず、今までどのように生きてこられたのか、その中で、何を大切にし、どのような方法で過去の問題に対処してこられた方なのか等を、教えていただくことが大変重要です。中でも、繰り返し使ってきた「いつものやり方」があり、その方法で何回も問題解決できた成功体験を重ねておられる場合などは、それはご本人にとって人生の「信条」になっている場合もあります。ここを知らずして解決方法だけを提案しても、ご本人の心には届かないでしょう。

　生活歴・価値観・信条を理解するということは、「人の生き方」を深いレベルで理解するということです。そして、私たちの介入を考える以前に、ご本人の生きてこられた人生や、ご本人ならではの解決方法に敬意を払うということでもあるのです。

＊

　また、これらのことを面接の中で傾聴する場面は、クライアントの人生を、クライアントと一緒に、茶の間のテーブルの上で、出来事に感情を重ねながら"ストーリー"として形作っていく作業そのものです。

　ご本人自身が「あんなこともあったな」「こんなときはこうだったな」、そして、「かなわなかった夢もあったけれど」「できなかったこともあったけれど」、「自分の人生も捨てたものじゃなかったな」と過去を振り返り、その「人生の価値」を感じる、大切な時間にもなり得ます。

＊

"子どもの頃の話を聞くこと""若いころの写真を見て語らうこと"

私たちが、ご本人と共に行うさまざまな語らいは、ご本人自身が「自分の人生は価値あるものであった」と深く納得できる場所へいざなう支援になることもあり、この場面を共有することが、信頼関係構築につながる場合も多いものです。

ここでは、生活歴をひも解きながら、「問題」を見るのではなく、「ありのままのご本人・家族」を見つめていくことが大切です。

■ 最後に

問題解決ばかりが、私たちの仕事ではありません。ましてや、高齢になれば、解決できない問題の方が多くなります。そして、人間は、そのとき、そのときで、目の前の現実と"折り合い"をつけながら生きていくものです。

その折り合いをつけるプロセスの中で、「クライアントにはどんな力があるだろう」「クライアントが使える資源にはどんなものがあるだろう」「援助者として、私にできることはなんだろう」…、クライアントと真摯に向き合いながら、一緒に考えていくプロセスの中で、私たちはさまざまなものを発見します。それは、意外にも力強いクライアントの生きざまであったり、その力強さに気づかなかった自分自身の思い込みであったりします。

クライアントを理解するには、まずは自分自身を理解すること。自分自身の感情や思考をしっかり吟味しながらクライアントとかかわること。その時間を重ね、クライアントをよりよく理解しようとする援助者の姿勢こそが、クライアントを支える礎になるのです。

> このマニュアルは、ケアマネジメント支援に取り組む上で必要なアセスメントの考え方と視点について、共通認識を深めるために、内部資料（学習資料）として作成したものです。作成にあたっては、以下の文献から、引用を含めて多くの内容を取り入れています。

● 引用・参考文献

渡部律子．高齢者援助における相談面接の理論と実際．第2版、医歯薬出版、2011．
渡部律子．「人間行動理解」で磨くケアマネジメント実践力．中央法規出版、2013、（ケアマネジャー＠ワーク）．
渡部律子編著．基礎から学ぶ気づきの事例検討会．中央法規出版、2007．
上原久．ケア会議の技術2 事例理解の深め方．中央法規出版、2012．

自立支援に資するケアマネジメントの視点

朝来市ケアマネジメント指導者マニュアル（朝来市地域包括支援センター作成）より

　私たちケアマネジャーは、利用者の「自立を支援し、QOL向上を目指す」ことを目的としてケアマネジメントを行い、そのケアマネジメントプロセスをチームで共有し協働するための、1つのツールとして、「ケアプラン」を作成します。

自立支援に資するケアマネジメントの視点の全体像

　図は、自立支援に資するケアマネジメントの視点をまとめたものです。重要なポイントは、次の2つです。

■ケアプラン作成まで
相談援助面接で、図の「下3つ」（①尊厳を守る、②個別化し、自己決定を尊重する、③力とリスクを踏まえる）を大切にしながら、「上2つ」をエビデンスに基づいて抽出すること。

■ケアプラン作成後
「上2つ」を軸とし、「下3つ」をエビデンスとして、利用者をはじめとするチームメンバーで共有できるよう言語化すること。

　ケアマネジャーは、この役割を意識して担うことで、利用者の自立を支援していきます（もちろん「下3つ」は、ケアプラン作成時だけでなく、ケアマネジメントプロセスにおいて、常に意識しておく基本姿勢です）。

ケアプランで表記されるのは主として上2つ

ケアプランに表記されるニーズや目標は、
- 活動の量や種類を増やすこと【ICF：**活動**】
- 役割や楽しみを持つこと【ICF：**参加と役割**】
- それらのベースとなる心身機能を維持改善すること【ICF：**心身機能構造**】

②自立支援に資するケアマネジメントの視点

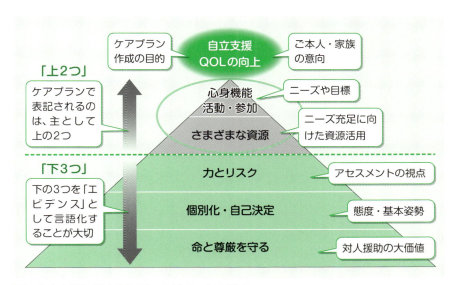

図●自立支援に資するケアマネジメントの視点

等が中心となります。

そして、それらを充足するために

- ご本人の生活の仕方・習慣・工夫を活用すること【ICF：**内的資源**】
- 家族の介護力を活かすこと【ICF：**人的資源**】
- 住宅改修なども含め、広い意味での環境を整える【ICF：**環境資源**】

等が、サービス内容になります。

例えば、以下のようにサービスを考えます。

A「安心して入浴したい」（活動）

ニーズを充足するための具体策として、ご本人の機能（内的資源）へのアプローチとしてリハビリを導入したり、住宅を改修したり（環境資源）、家族による入浴時の見守り（人的資源）をコーディネートします。

B「みんなの健康を祈るため、毎日、お地蔵さんにお参りに行きたい」（参加）

「自分ができる役割を果たしたい」というニーズに対し、リハビリ（人的サービス資源）や歩行器レンタル（物的資源）、友人との同行（人的資源）をコーディネートする場合もあります。

そして、これらをわかりやすく言語化し、記載したものが「ケアプラン」です（＝「上２つ」）。

つまり、心身機能・活動・参加等の「生活機能」が最良の状態に保たれるよう、ご本人のニーズや目標を表記し、それを充足するためのさまざまな資源整備（内的資源も含む）を手立てとして挙げているのです。

対人援助の大切な視点

しかし、対人援助の現場では、このようなケアプランを作成していく過程で、ケアマネジャーが「いかに、その人の尊厳を尊重して、利用者と向き合い」「信頼関係をベースとした相互交流の中で」、「専門職として何を見積もり」「どのようにニーズや目標を利用者と共有したのか？」ということが、最も大切です（＝「下３つ」）。

ケアプランに、そこまで記載することは少ないのですが、対人援助職としてのケアマネジャーの「かかわりの経緯→思考プロセス」として、ケアプランの背景（奥）にあるものを、しっかりと持っておくことが、根拠にもなり、ケアチームと共に歩む支援の原動力にもなります。

■ 個別化の視点

ニーズは、人によってその意味や価値が異なります。

例えば、「安心してお風呂に入りたい」というニーズの場合、「入浴」は生活の一部であり、心身機能や清潔保持のために必要な行為です。しかし、３度の食事よりもお風呂に入ることが好きなAさんが入浴できない場合と、もともとお風呂に入らなくても平気なBさんが入浴できない場合では、「お風呂に入りたい」というニーズの大きさや意味は、まったく違います。

あるいは、「人前に出るときには身体をキレイにしたい」「床ずれを予防したい」「身体を洗ってすっきりしたい」というように、「入浴」という行為に求める意味は、人それぞれ違う場合の方が多いのです。

これらのことから、一人ひとりの個性、生活習慣、その人なりの価値観や考え方を、ケアマネジャーとしてどう捉え、その人の固有の状況をどのように踏まえてかかわったのか（個別化）が、とても大切であることがわかるでしょう。

■ 自己決定の視点

また、その解決方法についても、入浴があまり好きでない方、昔から温泉が

大好きだった方、できるだけ自宅で入りたいと望む方、そして、誰かに入浴を手伝ってもらいたい方等、さまざまです。

　望みどおりにならないこと、メリットやデメリット等も含めて、"その人ならでは"の解決方法を考え、選び、決定していく、そのプロセス（自己決定）が重要です。何もかも利用者に決めてもらうということではなく、利用者自身が決めていく過程に、ケアマネジャーとして、どんな形で伴走するのか、伴走しようとしているのか、を考えることが重要です。

■ **リスクと力の見積もり**

　さらに、その自己決定のプロセスにおいては、疾患によるリスクや転倒の危険性、家族に与える影響、経済的な負担などを十分に予測し、それを回避したり最小限に留めたりできるように策を講じることが必要です。

　また、ご本人の力、周囲の環境が有する力をしっかり捉え、その力を活かした問題解決をサポートする視点を見逃してはなりません。特に、ご本人・家族が、今までの暮らしの中で、どのような困難に出合い、それを解決していく道のりで、どのような力・知識・技術を身につけてきたのか、そして今、目の前の問題を解決する手立てとして、その力が使えるのかどうか、そういったことも含めて、ご本人・家族と向き合うことが肝要です。

対人援助の基本視点を持つことが自立支援の前提

　つまり、まず最初に
- 尊厳を守るという姿勢をもって傾聴し、クライアントを理解していくプロセスがあり【185ページ図：**尊厳を守る**】

　その中では、
- その人ならではの個別性を捉え【図：**個別化**】
- その個別性をベースとした「自己決定」をサポートし【図：**自己決定**】

　さらには、
- リスクを予測し、できるだけ回避する方法を考えたり【図：**リスク**】
- その人自身や環境の力をみつけ、面接の中で引き出し、生活に活かす【図：**力**】こと。

　これらの視点を、私たちケアマネジャーが「基本姿勢」として備え、一人ひとりの利用者と向き合っていくことが自立支援の大前提になるのです。

前述の例（185ページ B）では、
- 知人や家族の見守りのもと、歩行器を使用して、お地蔵さんにお参りする
- その際には、転倒やひざの痛みに気をつける
- 3か月後にリハビリ担当者とともに歩行状況を確認（評価）する
- そのことが、本人のやりがいにつながり、認知症の予防にもなる

といった内容は、ケアプランに表記されます。

そして、そのケアプランの背景（奥）には、この人固有の「お地蔵さんに参る」という行為（習慣）の深い意味があります。ご本人の願い、家族等に対する気遣いや関係性、長年の習慣としての歴史性、そのことをケアマネジャーやケアチームがわかり認めてくれているということ等、ケアプランには表せない固有の意味が統合されています。

それを捉え、意味づけして、プランに説得力（根拠）をもたせるのが、「下3つ」になるのです。

本当の自立支援とケアマネジャーの役割

決して、「行為としてできることが増えた」「ベッドから離れて過ごす時間が増えた」という「目に見える結果」を出すことだけが、"自立支援"ではありません。
- 利用者と家族が、自分たちの抱える問題と向きあい、歩んでいくプロセスの中で、新たなものが見え、自分たちの力が再確認できること
- 長い間、蓋をしてきた家族の問題が、介護問題とともに赤裸々となり、家族がバラバラになってしまう経験や、逆に、葛藤を抱え、逃げ出したくなって愚痴をこぼすことで、家族の絆が強くなる体験

そうした紆余曲折のプロセスの中で、さまざまな試みを繰り返しながら、人は生涯「変化」し、力をつけながら「成長」していきます。

つまり、その人にとって「何が自立なのか」を、本人・家族と一緒に考えることに大きな意味があり、「その人らしい自立を獲得していくプロセス」も、一人ひとりが、まったく違うそれぞれの経緯をたどるのです。

そして、人は、自分にとって「固有の意味ある自立の姿」を見出し、それが承認され、必要な支援をしてくれるという見通しが持てることで、自ら前向きに取り組もうとしはじめるのです。

すなわち、その人にとっての自立を支援するためには、「下3つ」を基本視

点としてかかわることがとても大事になるわけです。

> ご本人・家族の「自立」の意味を吟味し、「変化の可能性」を信じ、リスクを予測しながらも、自らの力でその問題を解決していくプロセスの「伴走者」（＝側面的に支援する役割）になること

これが、「自立支援」を目指すケアマネジャーの役割なのです。

まとめ：伴走者としてのケアマネジャーの役割

- かかわりのなかで、利用者の意向を踏まえたケアプランを作成し、
- 作成されたケアプランは、「上2つ」を軸として記載されますが、
- 記載の奥には、ケアマネシャーの価値・基本視点としての「下3つ」にもとづくエビデンスが求められます。
- つまり、「下3つ」を基盤としたケアプラン作成によって、その人らしい自立支援にむけたケアマネジメントが展開でき、
- そのためには、「下3つ」に基づき言語化した内容を、ご本人・家族をはじめとするチームスタッフと「共有」することが必要であり、
- 共有しながら、ともに歩むプロセスの中でこそ、利用者自身が自らの問題解決に取り組み、周囲が利用者の力を承認し、支えていくことにつながります。

そして、この循環こそが、利用者を承認し、エンパワメントしていく「自立支援に資するケアマネジメント」を実現させるのです。

おわりに

　新人の頃、私は本当にできの悪いナースでした。
　3つしようとすれば1つ忘れる、教えてもらってもなかなか理解できない…。うっかり屋さんで集中力がないと、いつも看護師長（以下、師長）に叱られていました。
　同じ病棟に配属された同級生たちは、次々と仕事を覚え夜勤もこなすようになりましたが、私はいつまでたっても夜勤をさせてもらえませんでした。師長から「技術を知識で補いなさい」と言われ、仕事を終えてから一生懸命勉強しましたが、その努力はほとんど実践につながらず、相変わらず先輩たちをハラハラさせていました。
　本当にいいナースになりたいと思い、頑張っていました。だからこそ、自分が情けなく涙が出てくる毎日でした。

　そんな新人時代を半年ほど経験したとき、師長が私にこんなことを言ってくれました。
　「鳥居（旧姓）さん、世の中にはとても手先が器用だったり、飲み込みが早い人が大勢います。でも、あなたは10回やっても、まだできるようにならない。そのせいで、随分つらい思いをしているかもしれないけれど、あなたの良いところは、自分が先輩になったときに表れてくるのですよ。なんでも苦労なくできるようになった人は、後ろから来る人にわかりやすく教えることができません。だけど、失敗をたくさんして、頭をぶつけながら身につけた人は、次の人に『自分の言葉』で伝えることができるのです」。

そして、こんな私に、いつも優しく一番わかりやすく教えてくれるＡ先輩の名前をあげ、「彼女を見てごらんなさい。どの先輩ナースよりも、後輩に教えるのが上手でしょう？　彼女はね、新人時代"あなたみたい"だったのよ」と。

　私はその言葉を聴いたとき、まだ開いていなかった新しい"眼"で、初めて何かを見たような気がしました。後ろから歩いてくる人の苦しみと悲しみ、そして自分自身に対する劣等感…、身をもって体験している私なら、後輩の気持ちをきっと理解できるでしょう。

　さらに、苦労して身につけたことを、言葉にして伝えていけば、私は後輩を育てることができるらしい…。

　"本当かな？"とは思ったけれど、振り返れば、その時の師長の言葉を原点として、ここまで歩いてきたような気がします。

＊

　その場所から28年の歳月が流れました。今の私は、師長の言葉どおり、かつての自分をみるかのようなケアマネジャーさんに大勢出会います。

　「気づきの事例検討会に行くのがつらい」

　「できない自分に出会うのが怖い」

　「人と自分を比べて落ち込む」…。

　ケアマネジャーさんのこんな言葉を聴くたびに、私は、一瞬にして28年の歳月を飛び越え、胸がしめつけられます。

　「良い支援がしたい」「面接も上手になりたい」、そう思えば思うほど、自分の力のなさが悲しくなり、他の人のすごさが目についてしまうのです。だから、本を読んだり、研修に行ったりするけれど、なかなか力がついたという実感は湧きません。

「じゃあ、自分はなぜそこまでして良い支援ができるようになりたいと思うのか？」

「ケアマネジャーという仕事を通じて、自分は何を手に入れたいと思っているのか？」

そんな時こそ、この原点に立ち返ることが大切なのかもしれません。

そこでは、もしかしたら、人と自分を比べることにあまり意味がないと気づく場面があるかもしれません。悔しさをエネルギーにして、さらなる挑戦を続けている自分に気づく瞬間があるかもしれません。

一人ひとりが「ケアマネジャー」という仕事を通じて、どんな「生き方」をしたいと思っているのか…。ここを飛ばして、あれやこれやと技法をつめこんでも、あまり意味がないような気がするのです。

＊

先日、ケアマネジメント支援会議の終わりに、事例提供されたケアマネジャーさんが、こんな言葉をつぶやいてくださいました。

「私、今日、久しぶりに、この仕事を続けてもいいかな、と思えました」。

仕事がつらくて"もう辞めよう"と思っていた矢先に、主任ケアマネジャーから事例提供を依頼されたとのことでした。

ケアマネジャーになったからこそ出会う、悔しさ、悲しさ、落ち込み…。今、その渦中にありながら、頑張っている一人ひとりのケアマネジャーさんが、とても愛おしく大切な存在に感じます。

だからこそ、困難な事例をアセスメントの力でひも解き、ケアマネジャーの果たした役割をしっかりと言語化して伝えたい、そ

んな思いで学習を重ねてきました。

　1つひとつの体験を大切に、そして、その時に沸き起こる自分の感情も大切に。仲間と一緒に意味づけしたり、手当てしたりしながら、「ケアマネジャー」としての人生を、大切に歩いていきたい。だからこそ、

　「良い支援をうけた援助者は、良い支援を提供できる」。

　朝来市のケアマネジメント支援システムは、それを実現するための"しかけ"でありたいと思うのです。

＊

　最後に、朝来市のケアマネジメント支援の糧となり、多忙なスケジュールをこなす中でコラムや監修に協力いただいた三多久実子会長以下、朝来市ケアマネジャー協会の仲間たち、気づきの事例検討会を通じて、対人援助者としての基本を丁寧に教えてくださっている谷義幸様、ケアマネジメントのバックアップをしてくださっている兵庫県介護支援専門員協会のみなさま、泣き言を言いながらも支え合える地域包括支援センターの仲間たち、本書の出版を許可してくださった朝来市高年福祉課、そして多くの関係者のみなさまに、心からお礼申し上げます。

　また、私の職業人としての在り方に大きな影響を与えてくれた諸先輩の皆さま、さらに、本書の出版にあたり、筆の遅い私に辛抱強くつきあい、励ましながら素晴らしい編集をしてくださったメディカ出版 髙野有子様、私のわがままを取り入れつつ、素敵なデザインとイラストを提供くださった臼井弘志様、榛澤典子様に、心から感謝いたします。

足立　里江

監修プロフィール

朝来市ケアマネジャー協会（あさごし ケアマネジャー きょうかい）

2007（平成19）年4月に発足。
朝来市のケアマネジャーがケアマネジメントしやすい環境を整えるため、さまざまな研修などを通じて、ケアマネジャーの支援に取り組んでいる。
つねに現状の把握を行い、ケアマネジャーの声を聴くこと、そして課題があれば、施策に結びつけられるよう提言を行うことを実践中。

【研修会・検討会】
- 協会として全体研修（年2回）を開催
- 気づきの事例検討会を年8回、オープン研修を年2回開催
- 新人研修や、主任ケアマネジャーを中心とした「あさご☆GSV」などの開催

【医療連携】
- 朝来市医療と介護を考える会の世話役
- 医療連携研修・懇親会（年1回）

【実践発表】
- 「スーパービジョンのシステムづくり～地域で行うケアマネジャー支援～」（第11回近畿介護支援専門員研究大会 滋賀大会、2011年）
- 「新人ケアマネジャー研修の取り組みと効果～身近な地域の"手づくり研修"から育む高め合いの関係～」（第12回 近畿介護支援専門員研究大会 奈良大会、2012年）
- 「地域ケア会議を通じたケアマネジメント支援～包括の取り組み・居宅での展開～」（第13回近畿介護支援専門員研究大会　大阪大会、2013年）

【執筆活動】
- 「地域ぐるみで後輩を育成 学び合いが実践力アップに」（月刊ケアマネジメント、2015年4月号）
- 「アプローチの幅を広げる・支援の深みを出す・ワンランク上の仕事術」（達人ケアマネ、2016年2-3月号）ほか

著者プロフィール

足立 里江（あだち・さとえ）

看護師、社会福祉士、
主任介護支援専門員

1989（平成元）年　姫路赤十字病院に看護師として入職
1992（平成4）年　生野町在宅介護支援センターに入職
2006（平成18）年　朝来市地域包括支援センターに異動、現在に至る

全国地域ケア会議実務者研修（厚生労働省）、全国地域包括支援センター現任研修（長寿社会開発センター）、介護支援専門員の各種研修などの講師をつとめる。
『兵庫・朝来市発 地域ケア会議サクセスガイド』（メディカ出版、2015年）をはじめ、『はじめての多職種連携』（中央法規出版、2013年）、『はじめてのモニタリング』（中央法規出版、2013年）の共著、「月刊ケアマネジャー」（中央法規出版）、「医療と介護Next」（メディカ出版）連載など、ケアマネジメント支援と地域ケア会議を中心に執筆。

写真：朝来市ケアマネジャー協会の主任ケアマネジャーの面々
　　　（左ページの8名は居宅、右ページの3名は包括の主任ケアマネジャー）

主任ケアマネジャーのための
朝来式 ケアマネジメント支援
サクセスガイド
―支え、育てる「地域ケア会議」の極意

2017年3月15日発行 第1版第1刷

著　者　足立 里江
監　修　朝来市ケアマネジャー協会
発行者　長谷川 素美
発行所　株式会社メディカ出版
　　　　〒532-8588
　　　　大阪市淀川区宮原3-4-30
　　　　ニッセイ新大阪ビル16F
　　　　http://www.medica.co.jp/
編集担当　髙野有子
編集協力　谷 義幸
装　幀　　臼井弘志
本文イラスト　榛澤典子
印刷・製本　株式会社シナノ パブリッシング プレス

© Satoe ADACHI, 2017

本書の複製権・翻訳権・翻案権・上映権・譲渡権・公衆送信権
（送信可能化権を含む）は、(株)メディカ出版が保有します。

ISBN978-4-8404-5831-3　　Printed and bound in Japan

当社出版物に関する各種お問い合わせ先（受付時間：平日9：00～17：00）
●編集内容については、編集局06-6398-5048
●ご注文・不良品（乱丁・落丁）については、お客様センター0120-276-591
●付属のCD-ROM、DVD、ダウンロードの動作不具合などについては、
　デジタル助っ人サービス0120-276-592